🌱 easy cook series ❶
채소 매뉴얼

채소 매뉴얼

초판 1쇄 인쇄 | 2013년 8월 21일
초판 1쇄 발행 | 2013년 8월 28일

지은이 | 양정수
발행인 | 전재국
부문장 | 이광자

임프린트 대표 | 이동은
책임편집 | 박햇님
기획·진행 | 김원희
경영관리본부장 | 정유한
책임마케팅 | 노경석·윤주환·조안나·이철주
제작 | 정웅래·박순이

발행처 | 미호
출판등록 | 2011년 1월 27일(제321-2011-000023호)

주소 | 서울특별시 서초구 사임당로 82
전화 | 편집 (02)3487-1141·영업 (02)2046-2800
팩스 | 편집 (02)3487-1161·영업 (02)588-0835

ISBN 978-89-527-6996-1 13590

본서의 내용을 무단 복제하는 것은 저작권법에 의해 금지되어 있습니다.
파본이나 잘못된 책은 구입한 곳에서 교환해 드립니다.

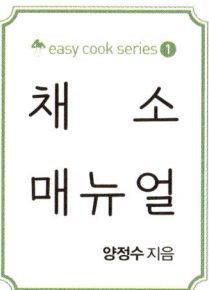

easy cook series ❶

채 소
매뉴얼

양정수 지음

미호

Contents

Part 1
ㄱ~ㄴ

가지 8
감자 10
겨자잎 12
경수채(교나) 14
고구마 16
고구마줄기 18
고들빼기 20
고사리/고비 22
고수 24
고추 26
고춧잎 28
그린빈 30
근대 32
깻잎 34
냉이 36

+Recipe
가지 된장구이 38
고들빼기 파스타 40
깻잎순 리조또 42
깻잎 감자채전 44

Part 2
ㄷ~ㅁ

달래 48
당근 50
더덕 52
도라지 54
돌나물(돗나물) 58
두릅 60
라디치오 62
로메인 64
루콜라 66
마 68
마늘/마늘종 70
마른 나물 72
머위 74
무 76
미나리 80
민들레 82

+Recipe
봄나물 비빔밥 57
더덕오이 깨무침 84
마늘 밤조림 86
냉이 골뱅이무침 87
미나리 약고추장김밥 88
중화풍 호박고지덮밥 90
곤드레밥 91
시래기콩국 92

Part 3
ㅂ~ㅅ

밤 96
방풍나물 98
배추/얼갈이 100
버섯 102
베이비채소 106
봄동 108
부추 110
브로콜리/콜리플라워 112
비름나물 114
비타민 116
비트 118
산초열매 120
삼 122
상추 124
셀러리 126
생강 128
세발나물 130
시금치 132
쑥 134
쑥갓 136
씀바귀 138

+Recipe
모둠버섯 매운찜 105
달걀 부추군만두 140
수삼스무디 142
상추된장국 143
시금치 달걀볶음 144

Part 4
ㅇ~ㅈ

아스파라거스 148
아욱 150
양배추 152
알파파 155
양상추 156
양파 158
엔다이브 160
연근 162
오이 164
오크라 167
옥수수 168
우엉 170
원추리 172
죽순 174

+Recipe
양파 와인조림 피자 176
명란 연근튀김 178
우엉 견과류무침 180
오크라 된장무침 182
원추리 고추장무침 183

Part 5
ㅊ~ㅎ

차이브 186
참나물 188
청경채 190
취나물 192
치커리 194
케일 195
콜라비 196
콩 198
콩나물/숙주 200
크레송 202
토마토 204
파 206
파프리카/피망 208
함초/나문재 210
허브류 212
호박 214
호박잎 216

+Recipe
파프리카 소고기밥전 218
청경채김치 220
토마토빙수 222

Part 1
ㄱ~ㄴ

가지 · 감자 · 겨자잎 · 경수채 · 고구마 · 고구마줄기 · 고들빼기 · 고사리/고비 · 고수 · 고추 · 고춧잎 · 그린빈 · 근대 · 깻잎 · 냉이 · 가지 된장구이 · 고들빼기 파스타 · 깻잎 순 리조또 · 깻잎 감자채전

> **장보기 tip**
>
> **제 철** 6~8월
> **선택법** 색이 진하고 탱탱한지 확인하고, 너무 길지 않은 것으로 고른다.
> **간단 정보** 가지는 1주일 정도 보관할 수 있다. 여름작물이고, 추위에 약하므로 장기간 냉장보관하면 맛이 떨어지고 씨 부분이 쉽게 검은색으로 변한다.

가지

손질하기

1. 가지 껍질에는 이물질이 묻어 있는 경우가 거의 없다.
2. 흐르는 물에 한 번만 씻어내도 충분하다.
3. 꼭지를 잘라 원하는 요리를 시작한다.

TIP 요즘 마트에서 판매하는 가지 중 꼭지가 초록색인 것은 미국 품종으로 오븐요리에 사용하기에 알맞다.

똑똑한 보관법

CASE 1 구입 직후

∷ 가지는 공기와 접하지 않게 구입한 그대로 신문지나 랩에 싸서 냉장보관하고, 요리할 때 바로 씻어서 사용한다.

CASE 2 남은 재료

∷ 남은 가지는 물기를 키친타월로 제거한 뒤 랩에 싸서 밀폐용기에 담아 냉장보관한다.

TIP 가지는 신선하지 않으면 씨 부분이 검게 변하고, 상하기 시작하면 겉면에 갈색 반점이 생기면서 중간중간 썩어들어간다.

∷ 가지는 잘라서 보관하면 금방 상하기 때문에 되도록 2일이 지나기 전에 먹는다.

useful information +

가지는 지방이 거의 없는 작물로 성질이 차가워 여름 냉국 재료로 제격이에요. 더운 여름을 조금은 시원하게 보낼 수 있어요. 가지는 지방을 흡수하는 성질이 강하므로 기름에 볶을 때는 꼭 살짝 찌거나 데친 뒤 요리하세요. 그런 이유에서인지 가지를 이용한 전통 조리법은 거의 다 찌는 조리법으로 발달했어요.

장보기 tip

제 철 6~10월

선택법 감자는 신선할수록 수분이 많아 묵직하고 단단하며 속살이 비칠 정도로 껍질이 얇다. 감자를 고를 때는 표면에 흠이나 싹이 없고 껍질의 색이 고른지 확인한다. 또한 속살이 하얗거나 노란색을 띠는 것이 맛있다.

간단 정보 보관기간이 길고, 요리할 때 주로 사용하므로 구입할 때 많이 사두는 것도 좋다.

알감자

감자

감자

손질하기

1. 감자는 흙이 많이 묻어 있으므로 흐르는 찬물에 여러 번 씻는다.
2. 칫솔로 홈이 파인 부분의 흙을 꼼꼼하게 제거한다.
3. 싹이 난 부분은 칼을 이용해 도려내고 흐르는 물에 살짝 씻는다.

똑똑한 보관법

CASE 1 구입 직후

:: 신문지에 싸서 통풍이 잘되고 그늘진 장소에 보관한다. 이때 사과를 같이 넣어두면 싹이 트지 않아 2개월 정도 보관할 수 있다.

TIP 박스로 구입한 감자는 철망으로 된 보관용기에 넣어 보관한다. 이때 박스 위를 검은색 천이나 신문지로 덮어두어야 한다.

CASE 2 남은 재료

:: 세척한 감자는 꼭 말려서 보관한다.

TIP 감자는 상하기 시작할 때 상처가 난 부분이 썩으며 뭉그러진다. 여름철 습할 때는 벌레가 생기기도 한다.

:: 껍질을 까놓은 감자는 찬물에 담가 전분기를 뺀 뒤 물기를 제거해 랩에 싸서 냉장보관한다.

> **useful information** +
>
> - 감자는 녹말이 많지만 수분도 풍부해 포만감은 높으면서 칼로리는 낮아 다이어트 식품으로 적당해요. 칼륨이 많이 들어 있어 성인병 예방에 도움이 돼요.
> - 알감자를 조림으로 요리할 경우 껍질째 이용하면 1주일간 보관 가능하며, 식감도 훨씬 쫄깃해요.

> **장보기 tip**
> **제　철** 1년 내내
> **선택법** 겨자잎은 샐러드용으로 주로 구입하니 줄기가 너무 두껍지 않고 잎이 얇으며 부드러운 제품으로 구입한다.
> **간단 정보** 겨자잎은 다른 쌈채소에 비해 쉽게 무르지 않아 약간 오래 보관할 수 있으며, 또한 병충해에 강해 기르기 어렵지 않다.

겨자잎

손질하기

1. 노란 잎을 제거하고 색이 갈변된 밑동은 칼로 한 번 자른다.
2. 샐러드용으로 판매하는 겨자잎은 따로 손질할 필요 없이 흐르는 물에 깨끗하게 씻는다.

   TIP 겨자잎은 테두리에 컬이 있어 수분을 많이 머금고 있을 수 있으므로 씻은 후 물기를 잘 털어줘야 한다.

똑똑한 보관법

CASE 1 구입 직후
∷ 누렇게 색이 변한 잎만 제거하고 신문지에 싸서 냉장보관한다.

CASE 2 남은 재료
∷ 남은 재료는 물기를 완벽하게 제거하고 밀폐용기에 키친타월을 깐 뒤 남은 겨자잎을 담아 보관한다.
∷ 주로 샐러드용 채소가 남았을 때는 샤브샤브 또는 라면에 넣어 먹어요.

useful information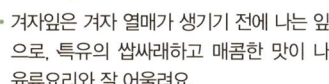

- 겨자잎은 겨자 열매가 생기기 전에 나는 잎으로, 특유의 쌉싸래하고 매콤한 맛이 나 육류요리와 잘 어울려요.
- 겨자잎은 컬이 장식효과를 주기 때문에 샌드위치에 사용하면 맛도 좋고, 보기에도 좋아요.

장보기 tip

제 철 10~2월, 수분이 많고 향이 달콤해 벌레들이 좋아하는 채소이고, 가을에 많이 생산된다.

선택법 진한 녹색의 잎이 시들지 않았는지 확인한다. 줄기는 짓무르지 않고 윤기가 나야 싱싱한 제품이다. 교나는 서울 가락시장의 특수 채소 판매하는 곳에서 구입 가능하고 수분이 많아 금방 시들어 1포기씩 비닐포장이 돼 있다. 개봉한 것은 가능하면 다 사용하도록 한다.

간단 정보 일본 교토에서 예부터 재배되어 온 채소로, 물과 흙만으로 재배되는 채소라 하여 경수채라는 명칭이 붙여졌다. 일본에서는 '교나' 또는 '미즈나'라고 부른다.

경수채(교나)

손질하기

1. 교나는 수경재배를 많이 하고, 쌈으로 먹기 때문에 밑동만 제거한다.
2. 이물질만 없도록 물에 씻어서 사용한다. 이때, 물을 너무 세게 틀어 씻으면 잎이 짓무르기 쉬우니 조심한다.

똑똑한 보관법

CASE 1 구입 직후
∷ 포기째 신문지에 싸서 줄기를 세워 냉장보관한다.

CASE 2 남은 재료
∷ 남은 재료는 금방 시들거나 상하기 때문에 살짝 볶아서 1~2일 안에 먹는 것이 좋다. 또는 키친타월에 수분을 묻힌 다음 돌돌 말아서 밀폐용기나 비닐팩에 담아둔다.

useful information

칼슘과 칼륨, 인, 나트륨 등 미네랄 성분이 많고, 카로틴과 비타민C도 들어 있어 피부미용과 다이어트에 이로워요. 특유의 향이 고기의 누린내를 없애줘 오리나 굴 요리 등에도 이용하죠. 조림, 절임, 전골 등에 이용할 때는 양념이 잘 배어들기 때문에 가볍게 양념하고, 너무 오래 삶아서 씹는 맛이 사라지지 않게 유의해요. 씹는 맛이 아삭아삭해 쌈채소로 먹기도 한답니다.

장보기 tip

제 철 6~10월

선택법 모양이 고르고 흠과 흰 상처가 없는 것이 좋다. 색이 선명한지도 함께 확인하다. 호박고구마는 동그란 모양, 밤고구마는 기다란 모양이 맛있다.

간단 정보 보관기간은 길지만 싹이 나며 단맛이 빠져서 맛이 없어지므로 가급적이면 먹을 양만큼 구입한다. 고구마는 상처난 부분이 곯아서 문드러지는 경우가 많으니 상처가 없는지 꼭 확인한다.

호박고구마

밤고구마

고구마

손질하기

1. 고구마는 흙이 많으므로 흐르는 찬물에 여러 번 씻는다.
2. 홈이 있는 경우에는 칫솔로 구석구석 닦는 것도 편하다.
3. 홈에 상처나 싹이 났다면 칼이나 필러로 이용해 도려낸다.

   TIP 상처가 난 곳을 도려내지 않고 삶거나 튀기면 그 부분이 특유의 냄새가 나면서 검은색을 띠게 된다.

똑똑한 보관법

CASE 1 구입 직후

∴ 흙이 묻은 고구마는 신문지, 종이상자, 종이봉투 등에 넣어 햇빛이 들지 않고 통풍이 잘되는 곳에 보관한다. 세척된 고구마를 구입했다면 냉장보관하고, 세척되지 않은 고구마보다 보관기간이 짧다. 보통 2주 정도가 적당하다.

TIP 다른 채소와 분리해 보관한다.

CASE 2 남은 재료

∴ 물기를 말린 뒤 랩으로 싸서 공기와의 접촉을 차단하는 게 중요하며 냉장보관한다.

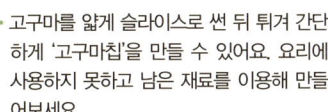

useful information

- 고구마를 얇게 슬라이스로 썬 뒤 튀겨 간단하게 '고구마칩'을 만들 수 있어요. 요리에 사용하지 못하고 남은 재료를 이용해 만들어보세요.
- 고구마를 쪄서 먹기 좋은 크기로 잘라 말린 것을 '고구마말랭이'라고 해요. 만드는 법도 간단하며 쫄깃쫄깃하고 달콤해서 간식으로 두고 먹거나 빵, 찐빵, 쿠키 등을 만들 때 넣어도 좋아요.

장보기 tip

제 철 8~9월, 삶은 것은 1년 내내 판매한다.

선택법 고구마줄기는 통통하며 윤기가 나는 것이 좋다.

간단 정보 보관기간이 짧고, 남은 것을 처리하기 어려우니 먹을 양만큼 구입한다.

고구마줄기

손질하기

1. 고구마줄기는 노란 잎을 제거하고 뿌리를 제거한다.
2. 보라색 줄기의 끝 부분을 조금 꺾어서 껍질을 벗긴 뒤 뜨거운 물에서 삶아서 요리에 사용한다.

   TIP 줄기의 껍질을 벗기기 힘들 때에는 소다를 넣은 물에 삶으면 껍질이 잘 벗겨지지만 대부분의 영양소가 파괴된다. 또는 소금물에 데친 다음 껍질을 제거한다.

똑똑한 보관법

CASE 1 구입 직후
∷ 잎이 있으면 금방 상하므로 1~2일 정도 보관할 때도 잎은 꼭 자른 뒤 신문지에 싸서 냉장보관한다.

CASE 2 남은 재료
∷ 고구마줄기 껍질을 제거한 뒤 뜨거운 소금물에 삶아서 찬물에 헹군다. 물에 담가놓으면 2~3일 정도 사용할 수 있으며 냉동보관해도 좋다.

useful information

고구마줄기는 성질이 차가워 여름철에 열을 내리는 데 도움을 줘요. 또한 섬유질이 풍부해 변비 예방에도 좋아요. 살짝 데쳐 해가 좋을 때 넓은 채반에 올려 말린 뒤 마른 나물로 만들어 무침, 김치, 들깨볶음 등으로 활용해요.

장보기 tip

제 철 9~10월
선택법 고들빼기는 너무 길지 않고 잎에서 윤기가 나는지 확인하고 구입한다. 또한 뿌리가 굵고 잎이 연한지도 확인한다.
간단 정보 고들빼기의 쓴맛을 내는 사포닌 성분은 간 기능을 개선시키는 데 효과적이다.

고들빼기

손질하기

1. 물에 뿌리 부분을 담가 불린다.
   TIP 가을에 나오는 고들빼기는 쓴맛이 강한데 소금물에 담가두면 빠진다. 그 외 다른 계절에 나오는 고들빼기는 쓴맛이 강하지 않고, 잎이 여려 쓴맛을 제거하지 않아도 된다.
2. 칼을 뉘어서 뿌리 주변을 긁어 겉을 벗겨낸다.
   TIP 뿌리와 줄기 사이에는 흙이 많이 뭉쳐 있으니 칼을 세워 깨끗하게 긁어낸다.

똑똑한 보관법

CASE 1 구입 직후
누렇게 변한 잎이 있다면 제거한 뒤 신문지에 싸서 냉장보관한다.

CASE 2 남은 재료
남은 고들빼기는 일정 기간 보관하기도 어렵고 특별하게 사용할 수도 없으므로 가능한 남기지 않도록 한다. 어쩔 수 없는 경우라면 김치, 장아찌를 담가 먹는다.

useful information

잎, 줄기, 뿌리 모두 먹을 수 있으며 맛은 매우 쌉쌀해요. 고들빼기는 자생하는 것을 캐거나 재배하며, 모양과 맛에서 약간 차이가 나요. 자생하는 것은 잎이 작고 뿌리가 굵으면서 길고 붉은 자색을 띠고 있는 반면, 재배한 것은 잎은 크지만 뿌리가 작고 가늘며 어두운 녹색을 갖고 있어요. 자생한 고들빼기가 특유의 쌉쌀한 맛이 강한 편이에요. 고들빼기는 식욕을 돋우며, 위를 튼튼하게 하고 피를 맑게 하는 효능이 있답니다.

장보기 tip

제 철 3~4월

선택법 고사리는 줄기가 너무 얇지 않고 통통한 것을 고른다.

간단 정보 말린 고사리는 1년 내내 구입할 수 있으며 말린 고사리가 더욱 저렴하다. 시중의 고사리는 국내산과 북한산, 중국산이 있다. 육안으로 구별하기 쉽지 않다. 대체로 수입산은 크기가 일정하지만, 국내산은 손으로 직접 따기 때문에 크기가 일정하지 않다고 한다.

고비

고사리

고사리 / 고비

손질하기

1. 고사리를 물에 넣어 5분간 삶은 뒤 찬물에 담가 하룻밤 불린다.
2. 불린 고사리를 뜨거운 물에 삶아서 사용한다.

똑똑한 보관법

CASE 1 구입 직후
- 고사리는 깨끗한 물에 한번 살짝 헹군 다음 물기를 제거해 봉지에 담아 둔다.
- 마른 고사리는 수분이 많지 않은 곳에서 보관한다.

CASE 2 남은 재료
- 고사리는 살짝 데친 뒤 찬물에 헹군 다음 한입 크기로 잘라서 비닐팩에 담아 얼린다. 데친 고사리는 그대로 냉장실에 넣으면 미끌미끌해진다.

TIP 남은 고사리를 양념한 다음 냉동실에 넣었다가 육개장 끓일 때 넣어준다.

---

useful information +

고사리와 고비는 맛과 영양가가 완전히 달라요. 삶은 고사리에는 비타민B1을 분해하는 '아네우리나아제'라는 효소가 들어 있으므로 비타민B1이 많이 함유된 돼지고기, 콩류 등과 함께 먹어요. 면역체계를 활성화하는 데 도움을 주므로 면역력이 약한 사람에게 좋은 재료예요. 고비는 콜레스테롤을 배출시키는 효과가 있어 고혈압 예방에도 좋아요.

장보기 tip

제 철 6~7월

선택법 고수는 너무 길지 않고 잎에서 윤기가 나며 작은 것을 고른다. 줄기는 가늘어야 좋다.

간단 정보 타이 음식을 먹으면서 자주 접하는 채소로 수입채소라 생각하겠지만, 오래전부터 우리나라에서도 먹었던 채소다.

고수

손질하기

1. 누렇게 변한 잎은 손으로 따거나 칼로 잘라 제거한다.
2. 물에 담가 두었다가 뿌리 쪽의 흙을 흐르는 물에 깨끗이 씻는다.

TIP 쌀국수, 월남쌈에 넣어 먹을 때는 잎만 따서 사용한다.

똑똑한 보관법

CASE 1 구입 직후
∷ 누렇게 뜬 잎만 제거하고 뿌리째 신문지에 싸서 냉장보관한다.

CASE 2 남은 재료
∷ 남은 고수는 보관일이 짧은 편이므로 김치 또는 생채로 무쳐 먹거나 장아찌를 담가 반찬으로 활용한다.

TIP 고수 줄기를 이용해 태국식 소스를 쉽게 만들어보자. 고수 줄기, 홍고추를 송송 썰어 피시소스(없다면 까나리 액젓)에 넣으면 이국적인 맛의 소스가 된다.

useful information +

한방에서는 '호실유'라고 하며 위장을 튼튼하게 해서 소화를 원활하게 해요. 또한 기침을 멎게 돕고 입냄새를 없애고 상처를 치료하는 데 효과가 있어요. 고수의 뿌리와 잎은 매운 맛을 내며 성질은 따뜻해요. 고수잎과 더덕을 1:1의 비율로 진하게 달여 마시면 전립선염에 효험이 있다고 해요.

장보기 tip

제 철 9~10월

선택법 표면이 짙은 녹색일수록 햇볕을 많이 보고 자라 영양가가 높고 신선하다. 톡 쏘는 매운맛이 나면서도 부드럽고 달짝지근해야 잘 익은 것이다. 끝이 뾰족하지 않고 둥글어야 맛이 부드럽다. 꽈리고추는 길이가 한 5~6cm 정도 되는 것이 맛이 있으며 청고추보다는 색이 연한 것을 고른다. 오이고추는 윤기가 돌면서 매운 향이 나지 않는 제품이다.

간단 정보 보관기간이 짧으므로 먹을 양만큼 구입한다. 찌개용으로 사용할 때에는 껍질이 두툼한 것이 맛이 있고, 장에 찍어 먹을 때에는 껍질이 얇아야 먹기 좋다.

청고추

꽈리고추

홍고추

청양고추

고추

손질하기

고추

1. 먹기 직전에 꼭지를 떼고 흐르는 물에 깨끗하게 씻는다. 찌개, 고추전을 할 때 씨를 털어내고 요리하면 더욱 깔끔하다.

꽈리고추

1. 꼭지를 따고 흐르는 물에 씻는다.
2. 소금에 절일 때는 젓가락 또는 포크로 찍으면 맛이 잘 밴다.

똑똑한 보관법

CASE 1 구입 직후

∷ 물만 닿지 않고 그대로 보관하면 2~3주간 보관 가능하다.

CASE 2 남은 재료

∷ 고추는 송송 썰어서 찌개나 조림 등에 그대로 넣을 수 있게 자른 뒤 포장해서 얼린다. 얼린 고추는 모양이 뭉그러지기 쉬우므로 찌개나 볶음 등 향을 낼 때 사용한다.

useful information +

여름 고추는 껍질이 두껍고 단단해서 매운맛이 강해요. 장아찌를 담그거나 8월 정도에 껍질이 두꺼운 고추를 말려서 부각을 만들어요. 아삭이고추와 오이고추 모두 풋고추를 개량한 것으로 매운맛이 적고 식감이 아삭해 생으로 먹기에 좋아요. 아삭이고추는 당도가 높고 오이고추는 오이 맛이 나고 수분이 많아서 샐러드에 사용한답니다.

고추부각 만드는 법

고추를 반으로 가른 뒤 1:1 비율로 섞은 찹쌀가루와 밀가루에 묻혀 찜기에 넣고 5분가량 쪄요. 찐 고추를 채반에 넣어 볕이 좋은 곳에 2~3일 말려 완성해요. 먹기 전 팬에 살짝 기름을 두르고 볶아요.

장보기 tip

제 철 7~8월
선택법 고춧잎은 줄기가 굵지 않고 잎이 얇으면서 초록빛과 윤기가 나는 것이 좋다. 꽃이 펴 있는 경우에는 작은 고추가 달려 있기도 하다.
간단 정보 고춧잎은 연하기 때문에 줄기째 판매를 한다. 주로 잎만 따서 먹지만 연한 줄기는 먹기도 한다.

고춧잎

손질하기

1. 고춧잎의 두꺼운 줄기와 누런 잎을 손으로 뜯어 제거한다.
2. 흐르는 물에 깨끗이 씻어서 사용한다.
3. 뜨거운 소금물에 데친 뒤 요리한다.

   TIP 데친 고춧잎을 햇빛이 좋을 때 채반에 널어 말려 가을에 무말랭이와 함께 무쳐 먹으면 향긋하고 맛이 좋다.

똑똑한 보관법

CASE 1 구입 직후

∷ 어리고 연해 잘 물러지지만 줄기째 있기 때문에 금방 시들지는 않는다. 구입한 다음 물에 닿지 않게 조심해 키친타월에 싸서 밀폐용기에 담아 보관한다.

CASE 2 남은 재료

∷ 고춧잎은 살짝 데친 뒤 밀폐용기에 약간의 물을 넣어 냉동실에 얼려서 필요할 때마다 사용한다.

∷ 고추 대신 남은 고춧잎을 찌개에 넣어 매콤한 고추 향을 살려도 좋다. 하지만 잎이 연해 끓는 물에 오래 넣어두면 쉽게 물러지므로 고춧잎을 넣어 살짝 데친 멸치국물로 찌개나 칼칼한 국물요리를 한다.

> **useful information** ➕
>
> 고춧잎에는 고추보다 비타민이 더 많대요. 식이섬유와 칼슘 등의 영양성분도 풍부해요. 암은 물론 심혈관 질환을 예방하고, 피부도 건강하게 해줘요.

장보기 tip

제 철 6~9월

선택법 솜털이 보송보송하고 꼬투리가 일자로 길쭉해야 꼬투리 부분이 시들지 않는다. 너무 큰 것은 씨가 있을 수 있으니 1cm가 넘지 않는 제품으로 고른다.

간단 정보 그린빈은 상하면서 검은색 점이 쉽게 생기고, 보관기간이 짧으므로 먹을 양만큼 구입한다.

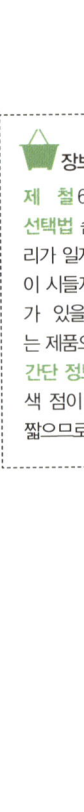

그린빈

손질하기

1. 흐르는 물에 깨끗하게 씻은 뒤 꼬투리 부분을 잘라 손질한다.
2. 끓는 물에 살짝 데쳐 사용한다.

똑똑한 보관법

CASE 1 구입 직후
∷ 물이 닿지 않은 채로 비닐팩에 넣어 냉장보관하면 1주간 보관 가능하다.

CASE 2 남은 재료
∷ 남은 그린빈은 소금물에 데쳐서 냉동 보관하고, 샐러드나 볶음 음식에 넣어서 먹는다.
TIP 냉동 그린빈은 데쳐서 나온 제품이다.

useful information

강낭콩이 다 자라기 전에 따서 콩껍질까지 먹는 음식재료로, 피부에 좋은 베타카로틴이 함유돼 여성에게 좋아요. 그린빈은 주로 스테이크에 곁들이는 채소로 사용되고, 돼지고기와 같이 먹으면 영양소 흡수율이 더 높아져요.

장보기 tip

제　철 6~10월
선택법 줄기는 굵고 짧은지 확인한다. 또한 잎 크기가 손바닥만하고 광택이 나는 것을 선택한다.
간단 정보 근대는 시금치와 비슷하지만 좀더 씁쓸한 맛이 난다. 주로 쌀뜨물에 된장과 고추장을 풀어 국으로 즐긴다.

근대

손질하기

1. 흐르는 물에 씻은 뒤 밑동을 꺾어 줄기 부분의 섬유질을 제거한다.
   TIP 줄기 부분이 억센 편이니 이 부분을 신경써서 손질한다.
2. 무쳐 먹을 때는 풋내가 나지 않도록 끓는 물에 살짝 데치고 깨소금을 넣어 요리한다.

똑똑한 보관법

CASE 1 구입 직후
∷ 신문지에 싸서 냉장실에 보관한다.

CASE 2 남은 재료
∷ 손질한 근대는 소금물에 살짝 데친 다음 찬물에 헹궈 물기를 꼭 짠다. 그런 다음 한 번 먹을 분량씩 랩에 싸서 냉동실에 넣어두면 7~10일간 보관할 수 있다.
TIP 냉동한 근대는 해동하지 않고 국, 볶음 요리 등에 바로 사용한다.

useful information +

근대는 서양에서 시금치 대용으로 많이 사용해요. 잎의 색이 진한 것은 잘 끊어지지 않으므로 쌈밥으로 먹어도 맛있어요. 제일 많이 요리해 먹는 방법은 근대 소고기국이지만 쌈으로 먹으면 근대 특유의 향을 느낄 수 있어 좋아요.

장보기 tip

제 철 1년 내내
선택법 입이 너무 크면 질기거나 억세니 너무 크지 않으면서 잎의 크기들이 일정한지 확인한다. 또한 초록색에 윤기가 나고 뒷면에 약간의 솜털이 보송보송 있어야 좋다.
간단 정보 보관기간이 짧으므로 먹을 양만큼 구입한다.

깻잎

손질하기

1. 깻잎 뒷면에 노란 진드기가 있는지 확인하며 흐르는 물에 잎마다 씻는다.
2. 줄기 부분을 잡아 3번 정도 세척해 사용한다.

   TIP 깻잎에 있을 잔류농약이 걱정된다면 깻잎을 씻은 뒤 물에 10분가량 담가둔 뒤 헹군다.

똑똑한 보관법

CASE 1 구입 직후
∷ 수분이 날아가지 않게 냉장보관한다. 물만 닿지 않고 그대로 보관하면 1주일간 보관 가능하다.

CASE 2 남은 재료
∷ 남은 깻잎은 소금물에 데쳐서 냉동해 둔다. 나중에 찌개, 볶음 요리 등에 넣어 먹을 수 있다.

useful information +

무기질이 풍부하고 비타민A와 C의 함량도 높아요. 철분의 함량은 시금치에 2배 이상으로 식물성 식품 중 가장 높은 편에 속해요. 깻잎 30g만 먹으면 하루에 필요한 철분을 섭취하죠. 한방에서는 열을 내리는 효과가 있어 열 감기에 좋은 식품으로 알려져 있으며, 체하거나 구토·설사에 효능이 있어요. 깻잎은 쌈, 부각, 생채, 조림, 찜, 장아찌, 김치, 찌개 등 다양한 요리에 이용돼요.

장보기 tip

제 철 3~4월

선택법 잎의 색이 진하면서, 잎과 줄기가 잘아야 한다. 뿌리는 너무 굵거나 질기지 않은 것으로 고른다. 나물용으로는 뿌리가 굵지 않고 잎은 연한 것을 고르고, 국용은 뿌리가 통통하고 짧은 냉이로 골라 요리한다.

간단 정보 보관기간이 짧으므로 먹을 양만큼 구입하는 게 좋지만 뿌리채소이기 때문에 다른 나물에 비해 보관기간이 하루, 이틀 정도 긴 편이다.

냉이

손질하기

1. 누런 잎을 떼어낸 뒤 물에 10분가량 담가둔다. 물에 담갔다 씻으면 더 깨끗하게 정리할 수 있다.

    TIP 냉이의 뿌리 부분을 물에 불려 판매하는 경우에는 그대로 물에 담그고, 그렇지 않다면 깨끗한 물에 뿌리 부분을 헹궈 흙을 적당히 없앤 뒤 불린다.

2. 불린 냉이를 흐르는 물에 씻어서 뿌리와 잎 사이에 있는 흙과 잔풀들을 제거한다.

똑똑한 보관법

CASE 1 구입 직후

:: 냉이는 씻지 말고 그대로 신문지에 싸서 냉장실에 보관하다가 요리할 때 바로 꺼내서 씻는 게 제일 좋다.

:: 봄나물인 냉이를 오래 보관하면서 즐기고 싶다면 끓는 물에 살짝 데친 뒤 물기를 손바닥으로 눌러 짜서 지퍼백에 담아 냉동보관한다. 여름철까지 보관 가능하다.

TIP 냉이는 끓는 소금물에 뿌리 쪽부터 넣어 1분간 데친 뒤 차가운 물에 헹궈야 냉이의 향을 살릴 수 있다.

CASE 2 남은 재료

:: 요리에 사용하지 못한 냉이는 물기를 제거한 뒤 밀폐용기에 담아 냉장보관한다.

useful information +

냉이는 3월 초하루부터 보름까지 한 잎씩 돋고 그 다음날부터는 지는 게 특징이에요. 겨자과에 속해 특유의 향이 있으며 잎과 뿌리를 같이 먹는 채소죠. 잎이 크고 뿌리가 작은 황새냉이, 잎이 작고 뿌리가 굵은 참냉이 두 종류가 있어요. 채소 중 단백질 함량이 높은 편이고 눈을 보호하는 비타민A도 가득해요.

가지 된장구이

재료 · 2~3인분

가지 1개, 쪽파 약간, 식용유 적당량
미소다레
　미소 3큰술, 맛술 · 설탕 2큰술씩, 청주 1큰술, 통깨 약간

만들기

1. 가지는 깨끗하게 씻어서 약 1.5cm 두께로 잘라 양면에 식용유를 바른다.
   TIP 가지의 흰 부분에 기름을 살짝 발라 구우면 기름을 많이 먹지 않는다.
2. 약불로 천천히 달군 팬에 가지를 놓고 밝은 갈색이 돌 때까지 양면을 천천히 굽는다.
3. 냄비에 미림, 청주를 넣고 30초가량 끓여 알코올을 날린 후 불을 약하게 줄인다.
4. 3에 설탕과 미소를 넣고 끓어오를 때까지 주걱으로 저어가면서 미소다레를 만든다.
5. 구운 가지는 먹기 편하게 나무꼬치에 꿰고 한쪽 면에 미소다레를 충분히 바른 뒤 쪽파와 통깨를 살짝 뿌린다.

+Recipe

고들빼기 파스타

재료 · 1인분

스파게티 20g, 물 2L, 소금 약간, 꼬막 50g, 다진 마늘 1/2작은술, 화이트와인 1컵, 올리브유 약간

고들빼기 페스토
고들빼기잎 50g, 엑스트라버진 올리브유 · 간 파르메산 치즈 3큰술씩, 잣 1큰술, 소금 1/4 작은술, 다진 마늘 1개분

만들기

1. 깊은 냄비에 넉넉하게 물을 넣고 끓어오르면 소금과 스파게티를 넣어 삶는다.
2. 믹서에 페스토 재료를 모두 넣고 곱게 간다.
   TIP 냉장실에서 꺼낸 잣은 꼭 마른 팬에 볶아서 사용한다.
3. 팬에 올리브유를 살짝 두르고 마늘을 볶다가 마늘향이 나면 해감한 꼬막을 넣어 볶는다.
   TIP 해감을 위해 꼬막은 데쳐서 사용한다.
4. 3에 화이트와인을 부은 뒤 꼬막이 입을 벌릴 때까지 익힌다.
5. 4에 면을 넣어 2의 페스토와 잘 버무린다.
   TIP 페스토에는 바질을 주로 사용하는데, 고들빼기, 깻잎, 시금치 등을 응용해 만들어도 좋다.

+Recipe

깻잎순 리조또

재료 · 2인분

깻잎순 100g, 불린 쌀 1컵, 양파 1/3개, 마늘 3개, 새우 2~3개, 소금 1작은술, 생크림 2컵, 올리브유 2큰술, 후춧가루 약간, 모차렐라 치즈가루 1/2컵

만들기

1. 깻잎순은 깨끗이 씻어서 체에 받쳐 물기를 뺀 뒤 돌돌 말아 채 썬다.
2. 양파는 굵게 다지고 마늘은 얇게 편 썬 다음, 달군 팬에 올리브유를 두르고 양파와 마늘을 중약불로 볶아 향을 낸다.
3. 양파가 반투명해지면 불린 쌀과 소금 1/2을 넣고 볶다가 쌀이 투명해지면 새우와 생크림 1컵을 넣고 중약불에 뚜껑을 덮고 끓인다.
   TIP 생크림이 부담스러우면 하루 전에 생크림과 우유를 1:1로 섞어 냉장보관해 사용한다.
4. 국물이 자작해지면 뚜껑을 열고 생크림 1/2컵 가량을 부어 쌀을 볶는다.
5. 다시 국물이 졸아들면 생크림 1/2컵을 붓고 쌀이 먹기 좋은 상태로 익을 때까지 볶는다.
6. 어느 정도 쌀이 무르면 걸쭉한 상태에서 후춧가루와 소금으로 간을 하고, 깻잎순을 넣어고 잘 볶아낸 다음 치즈를 넣고 살짝 녹인다.

깻잎 감자채전

재료 · 2인분

깻잎 10장, 감자 3개, 홍고추 1개, 소금 1작은술, 부침가루 3큰술, 물 1/4컵, 식용유 2큰술
초간장
   식초 · 양조간장 · 물 1큰술씩, 설탕 1작은술

만들기

1. 깻잎은 씻어서 체에 밭쳐 물기를 빼고 2cm 길이로 채 썬다. 껍질을 벗긴 감자, 홍고추는 가늘게 채 썬다.
2. 감자채에 소금을 뿌려 10분간 절인 후 체에 밭친 채 흐르는 물에 헹구고 물기를 뺀다.
3. 큰 볼에 2의 감자, 부침가루, 물을 넣고 골고루 섞은 다음 깻잎과 홍고추를 넣고 한 번 더 섞는다.
4. 달군 팬에 식용유를 두르고 3의 반죽을 올린 뒤 편 다음 중약불에서 1분 30초~2분 굽고 뒤집어 굽는다. 초간장 재료를 섞어 곁들인다.
   TIP 튀겨도 맛있게 먹을 수 있다.

Part 2

ㄷ~ㅁ

달래 · 당근 · 더덕 · 도라지 · 돌나물 · 두릅 · 라디치오 · 로메인 · 루콜라 · 마 · 마늘/마늘종 · 마른 나물 · 머위 · 무 · 미나리 · 민들레 · 봄나물 비빔밥 · 더덕오이 깨무침 · 마늘 밤조림 · 냉이 골뱅이무침 · 미나리 약고추장김밥 · 중화풍 호박고지덮밥 · 곤드레밥 · 시래기콩국

🛒 장보기 tip

제 철 2~4월

선택법 알뿌리는 굵고 잔뿌리는 적어야 하고, 줄기의 하얀 부분이 짧고 녹색이 선명해야 한다. 또한 향이 진하고 뿌리 주변이 윤기가 있으며 매끄럽고, 쪽파처럼 줄기가 단단한 것이 좋다.

간단 정보 보관기간이 짧으므로 먹을 양만큼 구입한다.

달래

손질하기

1. 달래의 알뿌리 가운데에 불룩 튀어나온 혹을 손으로 뜯는다.
   TIP 혹에 흙이 많이 묻어 있기 때문에 이 부분을 제거하는 게 좋다.
2. 달래를 감싸고 있는 흙이 묻은 껍질을 벗겨내고 줄기의 노란 부분을 잘라낸다.
3. 물에 10분가량 담갔다가 흐르는 물에 헹궈 뿌리와 잎 사이에 있는 흙과 잔풀을 없앤다.

똑똑한 보관법

CASE 1 구입 직후

:: 달래는 씻지 말고 그대로 신문지에 싸서 냉장실에 보관한다.
   TIP 냉장보관 시 알뿌리는 신문지에 싸거나 밀폐용기에 넣으면 1주일 정도 보관할 수 있다. 하지만 잎은 그 전에 먹도록 한다.

CASE 2 남은 재료

:: 남은 재료는 먹기 좋은 크기로 잘라 냉동보관한다. 냉동한 달래는 맛보다는 향을 즐기기 위한 요리를 만들 때 넣는다.

---

useful information

과거에는 우리나라 전역에서 야생초로 자생했는데 최근에는 재배해 먹기 시작했어요. 주산지는 제주, 홍성, 서산, 당진 등이죠. 달래는 몸을 따뜻하게 하는 성질이 있어 봄철 식욕이 떨어졌을 때 먹으면 좋은 채소랍니다.

🛒 장보기 tip

제 철 9~11월, 가을 당근이 맛있다.
선택법 전체적으로 밝고 고운 오렌지색이 나면서 잔 수염이나 하얀 수염이 없는지 확인한다. 머리 부분이 녹색을 띠지 않고 뿌리 쪽이 가느다랄수록 맛이 좋으며, 잘랐을 때 하얀 심이 없어야 한다.
간단 정보 보관기간이 길지만 흙이 묻어 있는 당근이 더 맛있다. 흙당근보다 가격이 저렴한 세척당근은 수입품이 많다.

당근

손질하기

1. 당근은 흐르는 물에 흙을 깨끗하게 씻는다.
2. 껍질은 먹기 직전에 필러를 이용해 벗긴다.

   TIP 당근 껍질은 단맛이 강하고 영양가가 풍부하므로 껍질을 얇게 제거하거나, 수세미로 깨끗이 씻어서 껍질째 사용하는 것이 좋다.

똑똑한 보관법

CASE 1 구입 직후
:: 물에 씻지 않고 신문지로 싸서 그대로 냉장실에 넣어두면 한 달간 보관 가능하다.

CASE 2 남은 재료
:: 남은 당근은 먹기 좋은 크기로 잘라서 뜨거운 물에 데친 뒤 냉동한다. 식감은 떨어지지만 요리에 간편하게 사용할 수 있다.

useful information +

당근은 주스로 갈아 먹는 것이 베타카로틴 흡수에 가장 좋아요. 베타카로틴은 몸속에 들어가 비타민A로 변해 시력 향상에 도움을 줘요. 당근과 사과를 넣어 함께 갈아 먹으면 맛이 더욱 좋죠. 당근에 있는 '아스코르비나아제'라는 효소가 비타민C를 파괴해요. 이 효소의 작용을 억제하기 위해서는 기름에 살짝 볶거나 식초를 조금 넣어 요리해요.

장보기 tip

제 철 1~4월

선택법 더덕의 꼭지 부분(뇌두)을 약간 절개해 향이 진하게 나면 좋은 더덕이다. 더덕의 골이 깊으며, 곧고 굵은지 확인한다. 봄에 더덕은 싹이 나며, 싹이 없는 더덕은 밭에서 제거 후 출하했거나 미리 수확한 뒤 저장한 제품이다.

간단 정보 껍질을 까서 진공 포장을 한 더덕보다 흙이 묻어 있는 더덕이 더 맛있다.

더덕

손질하기

1. 더덕은 물에 넣어 흙을 불린 뒤 흐르는 물에 깨끗하게 씻는다.
   TIP 흙이 많이 나오기 때문에 비닐장갑을 끼고 3~4번 세척한다.
2. 먹기 직전에 필러를 이용해 껍질을 벗긴다. 더덕은 진이 나오므로 물기를 닦은 뒤 가스레인지에 구워서 껍질을 까면 잘 벗겨진다.

똑똑한 보관법

CASE 1 구입 직후
∷ 신문지에 싸서 보관하면 한 달가량 보관 가능하다.

CASE 2 남은 재료
∷ 껍질을 제거하고 남은 더덕은 고추장에 박아 장아찌를 만들어놓으면 좋다.

useful information

더덕은 무침 요리가 아니어도 간단하고 맛있게 즐길 수 있어요. 더덕에 찹쌀가루를 발라 튀겨 섭산삼을 만들거나 더덕을 곱게 갈아서 꿀에 재어 차로 즐겨보세요.

🛒 장보기 tip

제 철 7~8월

선택법 도라지 향을 제대로 느끼길 원한다면 통도라지를 구입한다. 잔뿌리가 많지 않고 길이가 너무 길지 않는 것을 고른다. 손질된 도라지를 구입할 때는 만져봐서 단단한지 확인한다. 물컹거리면 약간 오래된 것이다.

간단 정보 도라지는 흙이 묻은 상태로 파는 것을 구입하는 게 좋다. 모래흙, 진흙, 일반 흙 등이 묻어 있으며 흙에 따라 상태와 이름이 다르다. 모래흙에서 자란 도자리를 '약도라지'라고 하며, 향이 강하고 약 성분이 뛰어나다.

도라지

손질하기

통도라지

1. 통도라지의 잔뿌리를 손으로 잘라 정리한다.
2. 도라지의 윗부분을 칼로 잘라낸다.
3. 이물질이 잘 닦이도록 물에 2~3분 정도 담근 뒤 부드러운 수세미로 닦는다.

TIP 도라지는 미지근한 물로 바락바락 씻어야 쓴맛이 더 잘 제거된다.

똑똑한 보관법

CASE 1 구입 직후
:: 씻지 말고 그대로 신문지에 싸서 냉장실에 보관한다.

CASE 2 남은 재료
:: 데친 도라지는 물기를 꼭 짜지 말고 비닐팩에 넣어 냉동해 사용해도 좋지만 맛이 떨어진다는 단점이 있다.
:: 요리하고 남은 도라지는 물기를 제거 후 밀폐용기에 넣어 냉장보관하거나 고춧가루, 식초, 설탕, 소금, 깨 등을 이용해 초무침을 만들면 2주일 정도 보관할 수 있다.

useful information

원산지는 한국, 중국, 일본이며 배수와 통풍이 잘되는 양지바른 곳에서 자라고 2~3년째 수확할 수 있어요. 도라지의 쓴맛은 수용성이라 물에 담가두면 제거돼요. 도라지는 칼슘이 많아 대표적인 알칼리성 식품으로 알려져 있어요.

손질하기

약도라지

1. 볼에 도라지를 넣고 물을 충분히 부어 2~3분 정도 불린다.
2. 불린 도라지를 수세미로 문질러 흙을 깔끔하게 닦는다.
3. 마른 천을 이용해 도라지에 묻은 물기를 없앤다.
4. 칼을 이용해 도라지의 얇은 껍질을 쓱쓱 긁듯이 벗긴 다음 먹기 좋은 크기로 자른다.

> **useful information**
>
> **약도라지 우리는 법**
> 냄비에 약도라지, 배, 대추를 넣고 재료가 잠길 정도로 물을 넣은 다음 푹 끓여요. 처음에는 센불에서 끓이다가 물이 끓어오르면 불을 약불로 줄여 30분간 뭉근하게 끓여 우려내요.
>
>

봄나물 비빔밥

재료 · 1인분

참취 · 냉이 · 달래 · 두릅 · 방풍나물 · 당근 · 호박 120g씩, 소금 · 다진 마늘 약간씩, 쌀 90g

양념장 소금 1/4작은술, 다진 파 · 다진 마늘 1/2작은술씩, 참기름 약간

비빔 양념 고추장 1½큰술, 매실청 3큰술, 다진 마늘 1/2작은술, 다진 달래 1큰술, 참기름 약간

만들기

1. 멥쌀은 깨끗이 씻어 물에 30분 정도 불려 밥을 짓고, 나물은 모두 깨끗이 씻어 물기를 제거한다.
2. 냉이, 두릅, 방풍나물, 참취는 소금을 넣은 끓는 물에 각각 넣고 살짝 데친다.
3. 호박과 당근은 5cm, 길이 0.2cm 폭으로 썬다. 달군 팬에 식용유를 두르고 참취, 당근, 호박은 각각 소금, 다진 마늘을 넣고 센불에서 볶아 익힌다.
4. 송송 썬 달래를 비빔 양념 재료와 섞는다.
5. 모든 나물과 채소를 각각 양념장에 골고루 무친 다음 준비한 그릇에 모든 재료를 담고 비빔 양념과 기호에 따라 참기름을 곁들인다.

🛍️ 장보기 tip

제 철 3~4월

선택법 잎이 작고 억세지 않고 도톰하며 줄기 부분에 불순물이 없어야 한다. 물기가 많은 채소이기 때문에 짓무르지 않은 것이 좋다.

간단 정보 돌나물은 들이나 산, 돌틈에서 자라는 나물이다. 번식력이 강하며 줄기는 옆으로 뻗어나가면서 자라는데 나중에 노란 꽃이 피면 약간 억세다.

돌나물(돗나물)

손질하기

1. 돌나물은 줄기 쪽에 약간 갈색으로 변한 것을 손이나 칼로 따서 준비하고 노랗게 변한 잎은 손질한다.
2. 물을 세게 틀면 잎이 상하고 진한 녹색으로 멍들기 쉽기 때문에 물을 받아 놓고 가볍게 씻어야 한다.
   TIP 물기가 많고 짓무르기 쉬우니 살살 다뤄야 한다.

똑똑한 보관법

CASE 1 구입 직후
∷ 다른 채소와 부딪혀 멍들지 않도록 밀폐용기에 넣어 따로 보관한다.

CASE 2 남은 재료
∷ 깨끗이 씻어 물기를 제거해 밀폐용기에 담아두면 2~3일 보관을 할 수 있다. 얼렸다 해동하면 잎까지 흐물흐물해져 다른 방법으로 보관할 수 없다.

useful information

돌나물은 특유의 향이 있기 때문에 샐러드나 물김치를 담가 먹으면 맛있어요. 특히 요즘에 사람들이 좋아하는 비주얼을 가지고 있어 샐러드나 스테이크 먹을 때 장식용으로 많이 사용해요.

🛍 장보기 tip

제 철 4~5월(2~6월 시장에 나옴)

선택법 두릅은 순이 연하고 굵은 것이 좋으며, 잎이 퍼지지 않고 향기가 강한지 확인한다.

간단 정보 두릅은 나무두릅과 땅두릅으로 나뉜다. 나무두릅은 두릅나무에서 난 새순이고, 땅두릅은 땅에서 자란 두릅의 순이다. 나무두릅은 처음의 새순이 돋을 때가 향이 가장 좋다. 땅두릅은 나무두릅이 나온 뒤 한 달 정도 뒤에 나오며 20회 정도 따서 먹을 수 있고 약간 억세다.

두릅

손질하기

1. 두릅 줄기 아래쪽의 나무 부분을 제거하고 줄기 사이로 올라온 자잘한 가시를 제거한다.

   TIP 두릅의 가시가 억세지 않다면 제거하지 않아도 좋다. 5월쯤 나오는 두릅은 가시가 빳빳해 억세므로 제거해야 한다.

2. 손질한 두릅을 깨끗이 씻은 다음 끓는 물에 소금을 조금 넣고 데친다.

   TIP 땅두릅은 나무두릅과 달리 가시는 없지만 줄기의 껍질이 길고 억센 편이다. 이 부분을 말끔히 제거한 뒤 데친다. 이때 쌀뜨물에 데치면 더욱 맛이 좋다.

3. 두릅의 아삭한 식감을 위해 얼음물에 넣어 빨리 식힌다.

똑똑한 보관법

CASE 1 구입 직후
∷ 두릅는 씻지 말고 그대로 신문지에 싸서 냉장실에 보관한다.

CASE 2 남은 재료
∷ 데친 두릅은 금방 상하니 물기를 짜지 않고 비닐팩에 넣어 냉동한다. 보관할 때 두릅에 송진 같은 것이 송골송골 맺히면 상한 것이다.

useful information

나물의 왕자라고 불려요. 비타민C가 있어 피로 회복에 좋고, 위장을 활발하게 움직여 소화에 도움을 줘요. 당뇨와 신장, 위장질환에 효과가 있어요.

🛒 **장보기 tip**

제 철 11~3월

선택법 라디치오는 양상추처럼 덩어리져 있는 채소다. 단단하고 야무진 것을 고르고, 너무 작은 상품은 겉잎을 다 떼어 낸 뒤 판매하는 것이므로 좀더 큼직한 상품으로 구매한다.

간단 정보 이탈리아 치커리로 불리며 비타민A, C, E와 미네랄이 풍부하다. 쓴맛이 강한 편이지만 쓴맛을 내는 성분이 소화촉진에 도움을 준다.

라디치오

손질하기

1. 라디치오는 쌈 채소라서 따로 손질할 것이 없다. 먹을 양만큼 잎을 따서 흐르는 물에 씻어 준비한다.

   TIP 라디치오는 수입채소로, 잔류농약으로 불안하다면 물에 10분 정도 담갔다 사용한다. 물에 담가두면 잔류농약이 어느 정도 제거돼 안심이 된다.

똑똑한 보관법

CASE 1 구입 직후
∷ 물에 닿지 않게 랩에 싸서 냉장보관을 한다.

CASE 2 남은 재료
∷ 키친타월에 싸서 밀폐용기나 지퍼백에 보관한다. 포기로 된 것은 2주간 보관이 가능하다.

   TIP 라디치오를 자를 때는 손으로 잘라서 사용하는 것이 좋다.

---

useful information +

라디치오는 치커리의 일종으로, 붉은색이 돌아요. 쓴맛을 내는 이터빈 성분이 소화를 촉진시키는 역할을 하죠. 양상추처럼 물에 씻은 후 손으로 뜯어 샐러드에 사용하는데, 금방 무르지 않기 때문에 샐러드를 미리 만들어 놓을 때 넣으면 좋아요.

 **장보기 tip**

제　철 여름철. 사실 로메인은 사시사철 재배한다. 날씨가 따뜻할 때 로메인의 가격이 저렴하다.

선택법 반포기 상태의 로메인은 잎이 짙은 녹색도, 흐린 녹색도 아닌 초록빛이다. 줄기 부분에 힘이 있고 윤기가 나야 좋으며 오래된 상품은 약간 노란빛이 난다.

간단 정보 잎이 길쭉한 로메인은 그리스의 코스섬이 원산지이다. 잎이 잘 시들지 않고 물러지지도 않아서 샌드위치의 채소로 많이 사용한다. 샐러드를 긴 시간 제공해야 할 때에는 로메인이 제일 좋다.

로메인

손질하기

1. 포기로 된 로메인은 필요한 만큼 잎을 한 장씩 딴다.
2. 잎을 흐르는 물에 뿌리 부분부터 깔끔하게 씻는다.

똑똑한 보관법

CASE 1 구입 직후
:: 키친타월로 싸서 밀폐용기에 넣어 보관한다.

CASE 2 남은 재료
:: 물기를 제거하고 밀폐용기에 키친타월을 깐 채 로메인을 보관한다. 2~3일 정도 보관을 할 수 있다.

useful information +

로메인은 시저 샐러드에 가장 많이 쓰이고, 한입 크기로 찢은 로메인 상추는 더운 샐러드와 찬 샐러드의 과일이나 다른 채소와 잘 어울려요. 강한 불에 볶는 요리에서는 양배추 대신 요긴하게 쓰여요.

장보기 tip

제 철 6-8월

선택법 너무 어린잎은 특유의 향이 없다. 중간 정도의 크기의 루콜라가 풍미도 좋고 아삭아삭하게 씹는 맛이 있다. 열무와 비슷한 모양으로 너무 억세지 않는 것을 구입해 사용한다.

간단 정보 '아루굴라'라고 하는 가장 오래된 채소 중에 하나이다. 우리나라서는 잘 먹지 않았고 이태리 음식을 먹기 시작하면서 들어왔다. 루콜라는 맛이 얼얼하고 매콤한 맛을 주는 채소이기 때문에 샐러드나 피자 토핑으로 많이 사용한다.

루콜라

손질하기

1. 루콜라는 연하기 때문에 잎이 상하지 않게 조심히 다뤄야 한다. 씻을 때 물을 약하게 틀거나 볼에 물을 받아 살살 흔들어 씻는다.
2. 누런 떡잎과 밑둥을 제거해 손질한다.

똑똑한 보관법

CASE 1 구입 직후

:: 잎이 연하기 때문에 키친타월에 싼 뒤 다른 채소에 눌리지 않도록 밀폐용기에 담아 냉장 보관한다.

CASE 2 남은 재료

:: 젖은 키친타월로 감싼 다음 밀폐용기에 넣어 냉장보관한다.

TIP 일반 소형 마트에서 구입하기는 힘들다. 도매시장이나 대형마트, 백화점에서 판매한다. 사용하고 싶을 때에는 동네 채소가게에 미리 부탁해 구매하기도 한다.

useful information

샐러드, 피자에 많이 사용해요. 일반적인 피자에 루콜라를 얹어 먹으면 느끼함을 덜 수 있어요. 루콜라는 자몽과 새우랑도 잘 어울리며 새콤한 가벼운 드레싱을 뿌려 먹으면 좋고, 요즘 인기 있는 발사믹 드레싱과도 잘 어울려요.

> **장보기 tip**
>
> **제 철** 10~11월
> **선택법** 크기가 일정하고 도톰하며 묵직해야 한다. 흠이 없는지 늘 확인한다.
> **간단 정보** 장마는 길이가 1m 정도로 수분이 많고 아삭아삭하다. 단마는 손바닥처럼 넓적하고 장마보다 전분질 함량이 훨씬 높다. 고랭지에서 자라는 둥근 마는 떡을 해 먹을 때 사용한다.

마

손질하기

1. 흙이 많을 땐 물에 담갔다 흐르는 물에 씻는다. 마를 직접 만지면 손이 가려울 수 있으니 비닐장갑을 끼고 손질한다.
2. 껍질을 벗길 때도 마의 진액이 나오므로 비닐장갑을 끼고 필러를 이용해 껍질을 벗긴다.

   TIP 마를 만져 손이 가려울 때에는 식초물에 손을 헹구면 된다.

똑똑한 보관법

CASE 1 구입 직후

∷ 마는 수분을 없앤 다음 신문지에 싸서 냉장실에 보관한다. 흠집이 난 마는 썩을 확률이 많으므로 잘 살피는 것이 좋다.

CASE 2 남은 재료

∷ 마의 잘린 단면에 공기가 닿지 않도록 랩으로 싼 다음 전체적으로 감싸서 냉장보관한다.

TIP 공기에 닿으면 마의 신선도가 떨어지고 단면이 갈색으로 변한다.

useful information

달걀말이를 부드럽게 하기 위해 마를 갈아서 넣는다. 마는 위벽을 보호하는 성분이 있어 생으로 먹어도 좋다. 먹기 힘들 때에는 요구르트와 같이 갈아서 먹는다. 필수 아미노산이 풍부해서 원기회복에도 좋다.

장보기 tip

제 철 마늘 5~7월, 마늘종 3~5월
선택법 마늘의 크기와 모양이 균일하며 겉껍질이 하얗고, 마늘 모양이 튀어나오면서 단단한 것을 고른다.
간단 정보 마늘은 보관하기 쉬운 채소이므로 한 번에 많은 양을 구입해도 괜찮다.

마늘 / 마늘종

손질하기

마늘

1. 마늘을 쪼갠 다음 뿌리를 자른다.
2. 뿌리를 잡아당겨 껍질을 벗긴다.
3. 한 톨씩 껍질을 벗긴다. 이때 물에 불리면 껍질이 더 잘 벗겨진다.

   TIP 제철 마늘은 껍질이 희고 저장 마늘은 껍질이 갈색이다.

마늘종

1. 마늘종의 끝부분을 자른 뒤 흐르는 물에 씻은 다음 먹기 좋은 크기로 자른다.

똑똑한 보관법

CASE 1 구입 직후

:: 통마늘은 망에 넣어 통풍이 잘되는 서늘한 곳에 두면 3개월 동안 보관 가능하다. 습한 곳에 두면 쉽게 상하니 주의한다. 깐 마늘은 밀폐용기에 보관하면 1주일간 사용할 수 있다. 마늘종은 깨끗하게 씻어 냉장보관한다.

CASE 2 남은 재료

:: 깐 마늘을 미리 다져두면 여러 요리에 사용할 수 있다. 다진 마늘은 한 번 쓸 분량만큼씩 각얼음틀에 넣어 얼려 보관한다.

장보기 tip

제 철 마른 나물은 뚜렷한 제철이 없다.

선택법 눅눅하지 않고, 곰팡이가 피지 않는 것을 구매한다. 특별히 윤기가 나거나 색이 그대로 보존이 되지 않기 때문에 원형의 모습이 살아 있으면 좋은 상품이다.

간단 정보 마른 나물은 도매 상가에서는 견과류나 마른 나물을 파는 곳에서, 마트나 상점에서는 매대에서 판매한다. 일반적으로 마른 나물은 불려서 사용 하므로 불린 나물을 구입해서 사용해도 좋다.

마른 나물

손질하기

1. 마른 나물의 먼지가 없도록 깨끗이 씻는다.
2. 나물을 미지근한 물에 담가 부드러워지면 물기를 꼭 짠다. 호박고지 2~3시간, 마른 가지는 20분, 토란대는 12시간가량 불린다. 토란대는 불리면서 중간에 물을 갈아줘야 한다.
3. 불린 가지나물은 물이 끓기 시작하면 넣어 가지가 부드러워지면 건져낸다. 불린 시래기는 물에 3~4번 헹군 뒤 뜨거운 물에 삶아서 껍질을 벗겨 먹는다. 토란대는 쌀뜨물에 15~20분 중불에서 삶아 아린맛을 제거하고 찬물에 담가놓은 뒤 3~4번 물에 헹궈서 사용한다.

TIP 식초물도 토란대의 아린맛을 제거하는 데 효과적이다.

똑똑한 보관법

CASE 1 구입 직후
- 습하지 않으며 햇빛이 들어오지 않은 곳에 두고 실온보관한다.
- 말린 나물은 잘 보관하면 1~2년은 충분히 사용할 수 있다.
- 밀폐용기나 지퍼백에 담아 냉장보관을 하고 봉지째 냉동보관하면 훨씬 오래 보관할 수 있다. 하지만 습도에 따라서 곰팡이가 피기 때문에 조심해야 한다.

CASE 2 남은 재료
- 불린 뒤 남은 재료들은 수분이 약간 있는 채로 냉동실에 넣어둔다.

useful information

마른 나물류는 물에 오랫동안 담가 두면 씹는 맛이 없어지기 때문에 약간 빨리 꺼내서 요리해요.
무청 말린 것을 시래기라고 해요. 김장철에는 무청이 많이 나와서 무청을 그대로 말리거나 삶아서 말려요. 삶아서 말리면 약간 녹색빛이 나고, 그대로 말리면 황토빛이 나요.

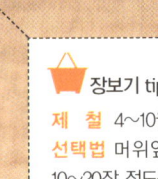

장보기 tip

제 철 4~10월

선택법 머위잎은 손바닥만하고 10~20장 정도를 묶어서 판매한다. 잎이 짙은 녹색을 띠고 싱싱하며 줄기는 동그랗기 때문에 시들지 않고 통통한 것이 좋다.

간단 정보 향기가 좋은 알카리성 식품으로 서양에서도 많이 먹는다. 항균효과가 강해서 식중독이 유행할 때 머위잎을 먹으면 도움이 된다.

머위

손질하기

머위잎

1. 흐르는 물에 씻은 뒤 줄기 부분을 잡아 섬유질을 제거한다.

머위대

1. 흐르는 물에 씻은 뒤 칼을 이용해 섬유질을 제거한다.
2. 먹기 좋은 크기로 자른 다음 뜨거운 물에 삶아서 요리에 사용한다.

똑똑한 보관법

CASE 1 구입 직후

:: 신문지에 싸서 냉장실에 보관한다.

CASE 2 남은 재료

:: 머위대는 쪼깨 삶아서 판매를 많이 한다. 물을 자주 바꿔주면 1주일간 보관할 수 있다. 머위대를 얼리고 싶을 때에는 머위줄기와 물을 같이 넣어 얼린다.

TIP 들깨의 지방산 성분이 머위대에 들어있는 베타카로틴의 흡수를 돕고, 머위대의 수분이 많이 나와 촉촉하기 때문에 들깨탕을 끓이면 궁합이 맞다.

useful information

머위잎은 데쳐서 쌈을 싸 먹으면 좋고, 머위대는 들깨가루에 무쳐 먹어요. 또한 머위는 된장 양념과 잘 어울려요. 껍질을 벗긴 머위는 공기가 닿으면 갈색으로 변하므로 빨리 데쳐서 물에 우려 쓴맛을 빼요.

🛒 장보기 tip

제 철 10~12월
선택법 푸른 잎이 붙어 있으면서 단단하고 무겁고 광택이 있는 것을 고른다. 하얀 부분에 윤기가 흐르고 푸른 부분의 면적이 넓은 것이 맛있다.
간단 정보 무, 순무, 알타리무, 열무, 래디시 등 여러 종류가 있다.

무

손질하기

래디시
1. 초록색 줄기와 래디시 끝 부분의 뿌리를 칼을 이용해 자른다.
2. 손질한 래디시를 흐르는 물에 씻어 사용한다.

   TIP 래디시는 색과 모양이 예뻐 샐러드에 많이 사용된다.

열무
1. 시든 잎과 열무 뿌리를 칼을 이용해 자른다.

   TIP 뿌리가 굵으면 손질해 김치로 담가 먹고, 얇으면 잘라낸다.
2. 줄기를 먹기 좋은 크기로 자른 다음 물에 담가 씻고, 건져서 체에 받쳐 물기를 빼 사용한다.

   TIP 열무는 자꾸 손이 닿으면 풋내가 나니 살살 손질한다.

손질하기

알타리무

1. 시든 잎과 뿌리는 칼을 이용해 잘라낸다.
2. 줄기가 시작되는 부분을 살짝 저미듯 잘라낸다.
3. 다듬은 알타리무를 수세미로 깨끗하게 닦는다.

   TIP 알타리무는 1단씩 판매하며 20개 정도가 묶여 있다. 김치를 담글 땐 김치냉장실의 김치통에 약 5단 정도를 담아야 한 통 가득 찬다.

useful information

많은 양의 알타리무는 물에 10분가량 담갔다 수세미로 손질해 3~4번 헹궈요. 무가 너무 지저분해 손질하기 어려우면 필러로 껍질을 벗겨 요리해요. 하지만 김치로 담가 오래 저장할 땐 쉽게 물러지니 절대 껍질을 벗기지 말아요. 여름철에 나온 알타리무보단 가을철에 나오는 손가락 사이즈의 조선종이 김치 담그기에 적당하답니다.

무&순무

1. 무청 부분으로 무에 바람이 들기 때문에 잘라낸 다음 사용한다.

   TIP 뿌리 쪽은 땅속에 있던 부분이라 쓴맛이 강하며 국이나 조림에 많이 쓰인다. 무청 쪽의 초록 부분은 단맛이 나며 생채나 나물 무침으로 주로 해먹는다.

2. 흐르는 물에 무를 씻으며 수세미로 흙을 깔끔하게 닦아낸다.

똑똑한 보관법

CASE 1 구입 직후

:: 흙이 묻어 있는 채로 신문지에 싸서 바람이 잘 통하고 햇볕이 들지 않는 곳에 보관하는 것이 가장 좋다. 이때 무청이 있으면 바람이 들기 때문에 꼭 무청을 제거해야 한다.

CASE 2 남은 재료

:: 무는 공기가 통하면 바람이 들기 때문에 꼭 표면에 공기가 닿지 않도록 랩을 싸 줘야 한다.

TIP 김장용으로는 단단하며 매운맛이 강하고 물기가 적은 조선무를 사용한다. 깍두기나 무생채 등을 해먹을 때에는 모양이 길고 수분이 많은 왜무나 제주무가 알맞다.

> **useful information**
>
> 무는 안 쓰이는 곳이 없는 채소죠. 김치, 샐러드, 육수용, 장아찌 등으로 다양하게 사용해요. 알타리무는 총각무 김치나 장아찌를 담가 먹으면 맛이 있고 열무는 된장국으로 끓여 먹어도 별미랍니다.

🛒 장보기 tip

제 철 3~12월

선택법 연녹색의 윤기가 나는 잎을 가진 미나리가 연하고 맛이 있다. 줄기가 통통하고 마디마디 사이가 짧으며 특유의 향이 진한 것이 좋다. 속을 보면 검은 반점이 있거나 누런 잎이 있는 것은 고르지 않는다.

간단 정보 미나리의 독특한 맛과 향을 내는 성분은 식욕을 촉진 한다. 미나리는 해독작용이 뛰어나 복어국, 생선매운탕 등 예부터 식중독을 잘 일으키는 식재료와 함께 요리한다. 미나리 잎은 쓴맛이 나고, 찌개에 넣으면 잘 풀어져서 줄기만 사용한다.

미나리

손질하기

1. 잎을 손으로 따서 정리한다.
2. 잎을 정리해 살짝 데친 뒤 물에 헹궈서 사용하거나 물에 30분~1시간 정도 동안 담가 이물질을 제거한다.
3. 먹기 좋은 크기로 잘라 사용한다.

똑똑한 보관법

CASE 1 구입 직후
:: 신문지에 싸서 세워서 보관하거나 뿌리 쪽만 페트병에 넣어서 물에 담가 길러 먹는다.

CASE 2 남은 재료
:: 남은 미나리는 5cm 길이로 잘라 소금물에 살짝 데친 뒤에 한 번 먹을 분량씩 랩에 싸서 냉동시키면 한 달간 보관 가능하다. 별다른 해동 없이 그대로 사용한다.

useful information

돌미나리
밭에서 자라는 야생미나리인 돌미나리는 미나리에 비해 줄기가 붉은색을 띠며, 향이 강한 것이 특징이에요. 잎까지 먹으며 무치거나 쌈채소로 먹어요.

🛒 장보기 tip

제 철 3~4월

선택법 꽃이 피지 않으며 줄기 부분이 붉은 색을 띠는 것이 좋다. 자연산 민들레는 뿌리째 뭉쳐 있는 것이 많고 재배한 제품은 줄기가 길고 잎이 기다란 것이 특징이다. 재배한 것은 맛이 약간 부드럽고 자연산은 쌉싸래하다.

간단 정보 민들레는 열을 내리고 독을 풀어 주는 염증제거와 이뇨 작용에 효과가 있다.

민들레

손질하기

1. 밑동을 칼로 따고 누런 잎과 뿌리를 제거한다.
2. 추운 겨울, 눈을 뚫고 자라는 채소라 불순물이 많이 묻어 있는 경우가 많다. 물에 담가 두었다가 흐르는 물에 씻어서 사용한다. 이때 뭉쳐 있으면 약간 뜯어서 씻어준다.

똑똑한 보관법

CASE 1 구입 직후
:: 신문지에 싸서 냉장보관을 한다.

CASE 2 남은 재료
:: 뜨거운 물에 데쳐 물기와 함께 냉동보관한다. 나물이기 때문에 데치면 오랫동안 보관할 수 없다.
:: 뿌리까지 잘게 자른 민들레와 설탕을 1:1.2 비율로 통에 담아 6개월 동안 발효시켜 민들레효소를 만들어 먹는다. 또는 채반에 넣어 그늘에 말린 뒤 마른 팬에 살짝 볶아 찻잎으로 활용하면 향기롭고 맛이 좋다.

useful information

약간 쌉쌀한 맛이 고들빼기와 비슷하며 쓴맛을 줄이려면 쌀뜨물에 데쳐요.
고추장에 무치거나 데쳐서 볶아 차로 먹으면 위를 보호하며 열을 내리고 가래를 삭히는 데 도움을 줘요.

더덕오이 깨무침

재료 · 2인분

더덕 5뿌리(100g), 오이 1/2개(100g), 물 2컵, 소금 1작은술
오이 절임물
설탕 1큰술, 물 2큰술, 소금 1/2작은술
양념
통깨(또는 검은 깨) 3큰술, 잣 2큰술, 매실청 · 마요네즈 2큰술씩, 소금 1/4작은술

만들기

1. 오이는 채 썰어 오이 절임물에 10분간 절인 뒤 체에 받쳐 흐르는 물에 헹궈 물기를 꼭 짠다.
2. 잣과 통깨는 비닐팩에 담아 밀대로 밀어 곱게 으깨고, 나머지 양념 재료와 함께 볼에 넣고 섞는다.
3. 더덕은 흐르는 물에 헹궈 흙을 씻어낸 후 껍질을 벗긴다.
4. 물에 소금 1작은술을 넣고 5분간 담가 쓴맛을 제거한다.
5. 길게 0.5cm 두께로 썬 후 면 보자기를 깔고 그 위에 올려 밀대로 밀거나 두드린 다음 잘게 찢는다.
6. 큰볼에 손질한 더덕과 소금을 넣고 조물조물 무친 후 오이와 2의 양념을 넣고 골고루 섞는다.

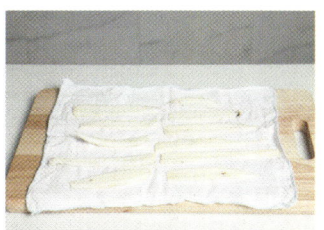

+Recipe

마늘 밤조림

재료 · 2인분
마늘 1컵, 밤 20개
양념 물 1/2컵, 간장 2큰술, 맛술 1큰술
올리고당 2큰술, 통깨 약간

만들기
1. 밤은 껍질을 깐 다음 잠길 정도로 물을 부어 담가 15분간 삶은 뒤 물은 따라낸다.
2. 1의 냄비에 마늘과 물, 간장, 맛술, 올리고당을 넣어 강불로 끓인다.
3. 끓어오르면 중약불로 줄여 물기가 거의 없어질 때까지 조린 뒤 통깨를 뿌려 마무리한다.

냉이골뱅이무침

재료 · 2인분

냉이 · 골뱅이 100g씩, 채 썬 파 2대분
양념 고추장 2큰술, 고춧가루 1½큰술, 깨소금 2작은술, 다진 마늘 · 간장 · 참기름 1큰술씩, 올리고당 3큰술, 골뱅이 국물 1/4컵

만들기

1. 골뱅이는 적당한 크기로 썰어두고, 냉이는 끓는 물에 살짝 넣었다 빼서 차가운 물에 헹군다.
2. 양념 재료를 작은 볼에 담아 골고루 섞는다.
3. 큰 볼에 데친 냉이와 골뱅이, 양념을 넣고 골고루 무친다.

미나리 약고추장김밥

재료 · 2인분

밥 300g, 김밥용 김 2장, 잡채용 소고기 100g, 미나리 2줌(140g), 식용유 1작은술, 참기름 약간

소고기 양념
　고추장 2큰술, 두반장 1작은술, 설탕 1큰술, 참기름 · 청주 1/2큰술씩, 다진 파 1/4큰술, 후춧가루 약간

미나리 양념
　소금 1/2큰술, 참기름 1/2작은술

밥 양념
　소금 1/2작은술, 참깨 · 참기름 1큰술씩, 설탕 약간

만들기

1. 소고기는 양념에 버무려 5분간 재어둔다.
2. 미나리는 깨끗이 씻어 끓는 물에 소금 1큰술 정도 넣어 10초간 데친 후 찬물에 헹궈 물기를 꼭 짠다.
3. 데친 미나리는 미나리 양념에 조물조물 무친다.
4. 달군 팬에 참기름을 두르고 1의 소고기를 중불로 3분간 볶고, 고추장을 넣어 약불로 줄여 5분간 볶다가 설탕을 넣고 4분간 더 볶는다.
5. 큰 볼에 밥과 밥 양념을 섞은 후에 김에 밥을 올려 김 면적의 2/3 지점까지 골고루 편다.
6. 밥 위에 소고기와 미나리를 올려 돌돌 만 후 윗면에 참기름을 살짝 발라 한입 크기로 썬다.

중화풍 호박고지덮밥

재료 · 2인분

호박고지 30g, 양파 1/4개, 마른 고추 1/2개씩, 마늘·생강 1쪽씩, 다진 돼지고기 100g, 두부 1cm 두께 1개, 밥 2공기, 고추기름 1큰술

돼지고기 밑간양념 청주 1/2큰술, 소금·후춧가루 약간씩

양념 간장 1/2큰술, 두반장 2큰술, 물 1/2컵, 후춧가루 약간

녹말물 녹말가루 1큰술, 물 1/2큰술

만들기

1. 호박고지는 미지근한 물에 15분 정도 불려 물기를 짠다.
2. 양파는 굵게 다지고, 마늘은 얇게 편으로 썬다. 생강은 채 썰고, 마른 고추는 3등분한다.
3. 다진 돼지고기는 밑간양념에 버무려 재어둔 다음, 팬에 고추기름을 두르고 양파, 마늘, 고추, 생강을 볶아 향을 낸 뒤 돼지고기를 넣고 저으면서 볶는다.
4. 고기가 익으면 호박고지를 넣어 볶다가 양념 재료를 넣어 끓이다가 깍둑 썬 두부를 넣는다.
5. 한소끔 끓인 다음 녹말물을 부어 걸쭉해지면 불에서 내려 밥에 얹어 먹는다.

곤드레밥

재료 · 2인분

쌀 200g, 곤드레나물 40g, 간장·들기름 1큰술씩, 깨소금 약간

밥물 곤드레나물 불린 물 500ml, 양파 1/4개, 대파 1대, 다시마(5*5cm) 1조각, 표고버섯 2장

양념장 간장 2큰술, 고춧가루 1작은술, 설탕 1/2작은술, 송송 썬 고추 1개

만들기

1. 곤드레나물을 미지근한 물에 담가 반나절 정도 불린 뒤 물기를 꼭 짜서 간장, 들기름, 깨소금으로 양념한다.
2. 냄비에 무, 양파, 대파를 큼지막하게 썰어 넣고, 다시마와 표고버섯을 넣은 뒤 곤드레나물 불린 물을 부어 끓인다.
3. 2가 끓어오르면 다시마는 건져내고 푹 끓여 밥물을 만든다. 분량의 양념장을 섞어둔다.
4. 쌀은 미리 씻어 30분 정도 불린다.
5. 솥에 쌀, 양념한 곤드레나물, 3의 밥물을 담고 센불에서 한소끔 끓인 뒤 중불로 줄여 자작하게 끓인다.
6. 약불에서 5분 정도 뜸 들여 밥을 짓고 양념장을 곁들인다.

시래기콩국

재료 · 1인분

대두 280g, 돼지고기 100g, 불린 시래기 250g, 감자 70g, 들기름 1큰술, 대파 1/2대, 새우젓 2작은술

다시마국물
　물 5컵, 다시마 (5*5cm) 1장

양념장
　간장 1큰술, 고춧가루 1/2큰술, 다진 파 · 다진 마늘 · 깨소금 1작은술씩, 참기름 약간

만들기

1. 냄비에 다시마국물 재료를 넣고 10분 정고 끓인 다음 다시마를 건져낸다.
2. 흰콩은 반나절 동안 물에 담가 불린 다음 손으로 비벼 껍질을 벗기고 믹서에 물 1컵을 넣고 되직하게 간다.
3. 돼지고기는 한입 크기로 썰고, 감자는 5cm 길이로 가늘게 채 썬다. 시래기는 먹기 좋은 크기로 썬다.
4. 냄비에 들기름을 두르고 돼지고기과 2의 콩, 감자, 시래기를 넣고 약불로 볶는다.
5. 4에 다시마국물을 부어 센불에서 한소끔 끓이다가 불을 줄이고 송송 썬 파를 넣고 새우젓으로 간한다. 취향에 따라 양념장을 곁들인다.

Part 3
ㅂ~ㅅ

밤 · 방풍나물 · 배추/얼갈이 · 버섯 · 베이비채
소 · 봄동 · 부추 · 브로콜리/콜리플라워 · 비름
나물 · 비타민 · 비트 · 산초열매 · 삼 · 상추 · 셀
러리 · 생강 · 세발나무 · 시금치 · 쑥 · 쑥갓 · 씀
바귀 · 모둠버섯 매운찜 · 달걀 부추군만두 · 수
삼스무디 · 상추된장국 · 시금치 달걀볶음

장보기 tip

제 철 9~10월

선택법 밤알이 반짝 반짝 빛나고, 윤기가 나면서 알이 굵은 것이 좋다.

간단 정보 밤 세 톨만 먹으면 보약이 따로 없다는 얘기가 있을 정도로 영양이 뛰어나다. 특히 비타민C가 함유된 견과류로 알려져 있다. 밤의 원산지는 중국이며 2000년 전에 우리나라에 전래되었다.

밤

손질하기

1. 껍질을 벗기기가 힘이 들기 때문에 물에 30분 정도 담가 놓았다가 껍질을 까면 쉽다.
   TIP 살짝 데치면 쉽게 까지지만 대신 빨리 사용해야 한다.
2. 밤의 꼭지에 칼을 넣어 겉껍질부터 까고 그다음 속껍질을 깐다. 큰 칼을 사용하는 것보다는 작은 칼을 사용하고, 시중에 판매되는 '밤칼'로 손질하면 편하다.

똑똑한 보관법

CASE 1 구입 직후
밤은 수분이 있으면 표면에 곰팡이가 피기 시작하니 신문지에 싸서 냉장보관한다. 가을에는 한 달간 보관할 수 있고, 다른 계절에는 냉장보관한 것을 판매하므로 1주일 안에 사용해야 한다. 그렇지 않으면 싹이 난다.

CASE 2 남은 재료
밤이 남으면 껍질을 까지 말고 얼려서 삼계탕이나 죽을 끓일 때 사용한다.

useful information

아이가 설사할 때나 성인이 허리와 무릎이 아플 때 밤을 먹으면 효과가 있다고 해요. 밤의 속껍질은 말려서 팩에 이용하면 좋아요. 황률이라고 하는 말린 밤은 제철이 아닐 때 쉽게 구입해 사용할 수 있어요.

장보기 tip

제 철 3~4월

선택법 방풍나물은 잎이 도톰하면서 검은 반점이 없고 줄기가 통통한 것이 좋다. 누렇게 변한 것이나 검은 반점이 있으면 오래된 것이다.

간단 정보 풍을 막아 주는 효과가 있다고 해서 '방풍나물'이라고 이름 붙여졌다. 몸을 따뜻하게 하는 효과가 있어 추운 겨울을 보내고 봄날에 방풍나물을 가지고 죽을 끓여 먹거나 나물로 무쳐 먹으면 꽃샘추위를 이길 수 있다고 한다.

방풍나물

손질하기

1. 방풍나물의 밑동을 잘라낸다.
2. 억센 줄기는 뜯어서 제거한 뒤 요리에 사용한다.

똑똑한 보관법

CASE 1 구입 직후
∷ 신문지에 싸서 냉장실에 두면 1주일 이상 보관할 수 있다. 좀 억세기 때문에 오래간다.

CASE 2 남은 재료
∷ 뜨거운 물에 데쳐서 물기가 있는 채로 먹을 만큼 봉지에 넣어 냉동한다.

> **useful information**
>
> 방풍나물은 된장과 궁합이 잘 맞아요. 잎이 약간 큰 것은 향이 좋기 때문에 데쳐서 된장에 무치거나 쌈 또는 된장을 넣어 국으로 끓여 먹어도 좋아요.
> 약간 빡빡하게 콩비지에 넣어 먹어도 별미랍니다. 방풍나물은 질기기 때문에 오래 끓여도 풀어지지 않는 것이 특징이예요.

장보기 tip

제 철 11~12월

선택법 배추는 너무 크면 수분이 많아서 무르기 때문에 김치 담그기에 적당하지 않다. 속이 빡빡하게 찬 배추보다는 한 4/5 정도 찬 것이 맛이 있으며, 겉잎이 파랗고 안으로 갈수록 노란빛을 띠는 상품이 달콤하다.

배추 / 얼갈이

손질하기

배추
1. 초록색 겉잎은 쓴맛이 있으므로 따낸다.
2. 배추를 반 갈라 쪼갠다.
3. 김치 담글 때는 잘 절여지도록 밑동 부분에 칼집을 넣어 소금물에 절인다.

얼갈이
1. 밑동을 제거해 속에 들어 있는 작은 흙을 제거하고, 시든 잎을 잘라낸다.
2. 볼에 담아 얼갈이를 씻은 다음 사용한다.

TIP 얼갈이는 열에 약하기 때문에 손으로 자주 문지르면 녹아버리는 성질이 있으므로 주의한다.

똑똑한 보관법

CASE 1 구입 직후
:: 신문지나 랩에 싸고 밑동이 아래를 향하게 세워 서늘한 곳에 보관한다.

CASE 2 남은 재료
:: 씻은 후 남은 배추는 밀폐용기에 2~3일 정도 냉장보관이 가능하다.

버섯

손질하기

1. 대부분의 버섯은 이물질이 묻어 있는 밑동을 살짝 자른 뒤 흐르는 물에 씻어 손질한다.

손질하기

양송이 버섯

1. 양송이의 밑동을 칼로 잘라내거나, 손으로 똑 따서 제거한다.
2. 양송이 갓의 껍질을 살살 벗겨내고 요리에 사용한다.

손질하기

표고버섯

1. 갓을 마른 천으로 살살 닦아 이물질을 제거한다.
2. 밑동을 칼을 이용해 저미듯 썬 다음 요리한다.

똑똑한 보관법

CASE 1 구입 직후

∷ 보관 방법은 키친타월에 싸서 서늘한 곳에 보관하는 것이 좋다.

CASE 2 남은 재료

∷ 버섯은 물에 닿으면 쉽게 무르므로 가능하면 남기지 않도록 한다. 남은 버섯은 국, 찌개, 볶음에 넣어 활용해도 좋다.

useful information +

능이버섯

능이버섯은 향이 독특하며, 갓 표면이 짙은 회색빛을 띤다. 일반 능이버섯을 구할 수 없을 때는 냉동된 능이버섯을 구입한다.

모둠버섯 매운찜

재료 · 4인분

느타리버섯 5개(250g), 표고버섯 3개(60g), 양파 1/4개(50g), 쪽파 4cm 길이 10줄기, 식용유 1큰술, 참기름 1작은술
양념 다진 청양고추 1개분, 고춧가루 1큰술, 맛술 1/2큰술, 고추장 1큰술, 설탕 1⅓작은술, 소금 1/2작은술, 다진 마늘 1/2작은술, 양조간장 1½작은술, 녹말가루 1큰술

만들기

1. 버섯의 밑동을 제거한 후 느타리버섯은 가닥가닥 뜯고 표고버섯은 모양대로 썬다.
2. 양파는 채 썰고 양념 재료를 볼에 모두 담아 골고루 섞는다.
3. 냄비에 식용유를 두르고 양파를 넣어 볶다가 버섯을 넣고 물 3큰술, 양념을 넣고 뚜껑을 덮는다.
4. 중불로 끓이다가 김이 차오르면 중약불로 줄여서 4분간 익힌다.
5. 뚜껑을 열어 쪽파와 참기름을 넣은 후 골고루 섞는다.

🛒 장보기 tip

제 철 1년 내내, 수경재배를 하는 채소여서 언제든지 구입할 수 있다.
선택법 누렇게 변한 잎과 검은 반점이 없으며 잎에서 윤기가 나는지 확인한다.
간단 정보 신선하고 풋풋하며, 부드럽고 모양도 예쁜 베이비채소. 생명체의 영양이 가장 많이 있고 손질도 많이 필요 없어 요즘 현대인들이 가볍게 먹기에 좋다.

베이비채소

손질하기

1. 베이비채소는 수경재배인 경우가 많으므로 가볍게 흐르는 물에 씻어서 사용한다.

똑똑한 보관법

CASE 1 구입 직후
∷ 구입 용기에 넣어 그대로 보관하거나 밀폐용기에 옮겨 보관하는 것이 좋다.

CASE 2 남은 재료
∷ 어린 새싹은 2~3일만 지나면 짓무르기 때문에 따로 사용할 수 없다. 얼리거나 장아찌를 담글 수도 없으므로 빨리 처분하는 것이 가장 좋다.

> **useful information**
> 샐러드, 피자 위의 토핑, 스테이크의 장식용, 비빔밥의 장식용 등으로 사용한다.

장보기 tip

제 철 2~4월

선택법 잎이 너무 크지 않고 속이 노란 봄동이 맛이 달짝지근하며 고소하다.

간단 정보 봄동은 봄의 언 땅에서 자라는 배추로 억세면서 맛이 달콤한 것이 특징이다. 이른 봄 옆으로 퍼진 봄동의 초록색 잎을 먹으면 몸의 위장기관과 열이 많은 사람의 기력이 회복된다.

봄동

손질하기

1. 봄동의 뿌리와 시든 잎을 제거하고 잎을 장마다 떼어낸다.
2. 잎의 뿌리 부분을 잘라낸다.
3. 배춧잎 사이사이에 흙이 있을 수 있으므로 물에 담갔다가 건져 흐르는 물에 여러 번 헹궈 씻는다.
4. 먹기 좋은 크기로 썰어둔다.

   TIP 봄동이 억셀 때는 국을 끓여 먹어도 좋다.

똑똑한 보관법

CASE 1 구입 직후
∷ 봄동은 씻지 말고 그대로 신문지에 싸서 냉장실에 보관한다.

CASE 2 남은 재료
∷ 남은 봄동은 물기를 제한 뒤 잎사귀를 뜯어서 밀폐용기에 차곡차곡 넣어 냉장보관하고 가급적 3~4일 이내에 먹는다.
∷ 데친 봄동은 물기를 꼭 짜지 말고 비닐팩에 넣어 냉동해 국을 끓일 때 사용한다.

장보기 tip

제 철 3~9월

선택법 녹색이 진하고 잎이 두꺼우며 폭이 넓은 것이 신선하다. 줄기가 너무 크거나 두껍지 않아야 한다. 여름철에는 꽃이 핀 부추를 볼 수 있는데 이때에는 너무 질겨서 맛이 없다.

간단 정보 부추, 호부추, 영양부추, 솔부추 등이 있다.

부추

손질하기

1. 부추는 밑동에 흙이 묻어 있는 경우가 많으므로 칼로 다듬는다.
2. 손으로 줄기를 잡고 흔들며 헹군다.

똑똑한 보관법

CASE 1 구입 직후
:: 물이 묻지 않도록 신문지에 싸서 냉장보관을 한다.

CASE 2 남은 재료
:: 남은 부추는 체에 밭쳐 물기를 빼고, 키친타월을 깐 밀폐용기에 담아 냉동실에 넣어두면 30일 정도 사용할 수 있다. 사용할 때는 해동하지 않는다.

useful information

부추는 성질이 따뜻해 혈액순환을 촉진시켜 피로감을 풀어주며, 나트륨 배출에 도움을 주는 채소예요. 된장과 함께 먹으면 된장의 나트륨을 배출시키고, 비타민 흡수를 도와 궁합이 잘 맞아요. 또한 부추가 비타민B의 흡수를 돕는 성분이 있어 돼지고기 요리에 곁들이면 영양 궁합이 맞아요.

장보기 tip

제 철 11~3월

선택법 브로콜리는 꽃봉오리다. 봉오리가 진한 녹색이고, 작으면서 동그란 것이 싱싱하고 맛있다. 봉오리나 잎이 노란빛이 나면 싱싱하지 않은 것이니 피한다. 또한 가운데 봉오리가 약간 튀어나오고, 줄기가 갈라지지 않았는지 확인한다.

간단 정보 슈퍼푸드인 브로콜리와 콜리플라워. 브로콜리에는 칼슘이 많고 체내흡수를 돕는 비타민C도 많아서 성장기 아이들에게 좋다. 콜리플라워의 비타민C는 가열해도 쉽게 손실되지 않는다.

브로콜리 / 콜리플라워

손질하기

1. 브로콜리를 송이송이 먹기 좋은 크기로 딴다.
2. 흐르는 물에 헹군 뒤 소금을 살짝 넣은 물에 1분간 데친다. 이때 단단한 줄기 부분을 먼저 넣어 데친다.
   TIP 채소는 데친 다음 아삭함을 살리기 위해 찬물에 넣지만 브로콜리는 영양소가 파괴되므로 찬물에 넣지 않고 그대로 식힌다.

똑똑한 보관법

CASE 1 구입 직후
:: 신문지에 싸서 실온에 보관하면 1주일 정도 상태를 유지할 수 있지만 가능하면 빨리 먹는 것이 좋다.

CASE 2 남은 재료
:: 데친 브로콜리는 밀폐용기에 담아 냉장보관한다.
:: 남은 브로콜리는 키위와 함께 갈아 건강 주스를 만들어 마시면, 하루에 필요한 비타민C를 섭취할 수 있다.

---

useful information +

브로콜리에는 칼슘, 철분, 비타민A, C가 많아요. 데친 브로콜리 1컵에는 오렌지 2개 정도와 비슷한 양의 비타민C가 있답니다. 또한 암세포의 증식을 억제하는 설포라판이라는 성분이 있어 항암효과가 뛰어나요.

장보기 tip

제 철 4~6월

선택법 꽃이 피지 않고 잎이 연하면서 검은 반점이 없어야 한다. 또한 잎이 작고 줄기가 너무 굵지 않는 것이 좋다.

간단 정보 비름나물은 전국 각지에서 잘 자란다. 우리가 먹는 것은 '참비름나물'이라고 하는데 개비름은 먹지 못하는 것은 아니지만 약간 억세다.

비름나물

손질하기

1. 흐르는 물에 씻어 이물질을 제거한다.
2. 나물의 억센 줄기는 손으로 따서 제거한다.

   TIP 여름철에는 꽃이 핀 비름이 있는데 약간 억세긴 하지만 꽃은 떼고 질긴 줄기는 잘라낸 뒤 부드러운 부분만 손질해 먹는다.

똑똑한 보관법

CASE 1 구입 직후

∷ 비름나물은 신문지에 돌돌 싸서 냉장실에 보관한다. 대형 마트에서 비닐에 포장되어 있는 나물들은 특수 비닐 포장이라서 보관기간이 약간 길다.

CASE 2 남은 재료

∷ 비름나물은 줄기와 함께 판매하기 때문에 보관기간이 4~5일 정도다. 남은 것은 뜨거운 물에 데쳐 찬물에 헹군 뒤 물기를 꼭 짜지 않고 먹을 만큼만 분량으로 담아 냉동보관한다.

> **useful information** +
>
> 비름나물은 된장에 무쳐 먹거나, 조선간장에 고춧가루를 약간 넣어 갖은 양념을 넣어 무쳐 먹으면 맛이 좋아요. 비름나물은 칼슘의 함유량이 많고, 소화가 잘 되는 숙채여서 소화기관이 약한 노인들에게 적당한 나물이에요.

장보기 tip

제 철 쌈채소로 사용되기 때문에 아주 춥지만 않으면 나오는 채소이다.

선택법 비타민은 보통 포기로 돼 있고 잎으로 떼어져 있는 것보다는 포기로 되어 있는 것이 보관기간이 좀더 길다.

간단 정보 '다채'라고도 하며 카로틴이 많이 들어 있다. 비타민 함량이 많아 '비타민'이라 한다.

비타민

손질하기

1. 쌈채소이기 때문에 특별히 손질할 것은 없다. 흐르는 물에 간단히 씻는다.
2. 누런 잎이 있을 경우에는 칼로 제거해 손질한다.
3. 바로 사용하지 않을 때에는 찬물에 담가두었다가 요리한다. 보통 샐러드하기 30분 전에 꺼내 담가둔다.

똑똑한 보관법

CASE 1 구입 직후
:: 신문지에 싸서 냉장실에 보관한다.

CASE 2 남은 재료
:: 냉장실에 넣어두면 3~4일 정도 보관할 수 있지만 그 이상은 불가능하다.

useful information

수분이 많고 아삭아삭하기 때문에 쌈이나 샐러드로 많이 먹고 데쳐도 맛있어 샤브샤브용으로도 많이 이용된다. 집에서도 씨를 사서 새싹으로 키우기가 쉬운 채소다.

장보기 tip

제 철 3~6월
선택법 겉은 갈색을 띠며 크지 않아야 한다. 껍질이 매끄러우며 상처가 없고 단단한 것을 고른다.
간단 정보 안토시아닌 색소가 들어 있어 적자색을 띠며 샐러드나 피클을 만들 때 색을 내기 위해 많이 사용된다.

비트

손질하기

1. 비트은 흐르는 물에 흙을 깨끗하게 씻는다.
2. 껍질은 먹기 직전에 필러를 이용해 벗긴다.

똑똑한 보관법

CASE 1 구입 직후

∷ 물에 씻지 않고 신문지로 싸서 그대로 넣어두면 한 달간 보관 가능하다.

CASE 2 남은 재료

∷ 피클을 담가 먹거나, 다른 음식에 넣어 색을 내기 위해 사용할 때를 대비해 필요한 만큼만 칼로 잘라 냉동실에 얼려 놓는다.

useful information

비트는 아삭하면서 씹을수록 특유의 단맛이 살아나 주로 샐러드에 넣어 먹어요. 비트에 들어 있는 항히스타민 성분은 알레르기를 개선하는 효능이 있다고 해요. 면역력을 높여주며, 빈혈을 예방하고, 변비를 개선시키는 효과가 있어 여자에게 참 좋은 채소예요.

장보기 tip

제 철 10~11월
선택법 산초열매는 상처가 없는지 확인하고 고른다. 향신료처럼 오래 두고 사용하려면 마른 산초열매를 구입한다. 마른 산초열매는 씨가 검은 색인지 확인한다.
간단 정보 산초열매는 숙취해소, 아토피 완화, 소화불량 치료, 기침 완화 등 여러 효능이 있어 약초로도 쓰인다.

산초열매

손질하기

1. 생 열매는 깨끗한 물에 30분 이상 담갔다 헹군 뒤 서늘한 그늘에서 물기를 말린다.
2. 말린 산초열매는 특별한 손질법이 없다.

똑똑한 보관법

CASE 1 구입 직후
:: 신문지에 싸서 통풍이 잘되고 그늘진 장소에 보관한다.
TIP 보관기간이 길어 구입할 때 많이 사두는 것도 좋다.

CASE 2 남은 재료
:: 가루로 만든 산초열매는 조금씩 나눠 용기에 넣고 밀봉해 냉장보관한다.

---

useful information

톡쏘는 맛이 나는 산초열매. 생 열매는 통째로 간장과 설탕을 넣어 장아찌로 담아 먹어요. 피클을 담글 때 산초열매를 넣어 향신료처럼 활용하기도 해요. 또한 말린 산초열매는 가루를 내서 추어탕에 뿌려 먹어요. 이 외에 비린내 나는 음식에 넣어도 좋아요.

장보기 tip

제 철 9월

선택법 인삼의 큰 뿌리가 2~3등분으로 나눠져 있고 진한 밤색 무늬가 없는지 확인한다. 잔뿌리가 상하지 않고 많이 붙어 있는 것이 좋다. 중국산이 많으므로 꼭 원산지를 확인한다.

간단 정보 수삼은 말리지 않은 인삼을 말한다. 미삼은 인삼의 잔뿌리를 모아 놓은 것이고, 종삼은 수삼의 1년근을 말한다.

삼

손질하기

1. 인삼은 뿌리채소이므로 물속에 5분 정도 담가 흙을 불린다.
2. 흐르는 물에 몸통부터 잔뿌리까지 세심하게 닦아낸다.

똑똑한 보관법

CASE 1 구입 직후
:: 2~3일 안에 사용한다면 신문지에 싸서 통풍이 잘되고 그늘진 장소에 보관한다.
:: 랩에 싸서 냉장실에서 2주 동안 보관할 수 있다. 2주가 지나면 쉽게 상하니 그전에 사용하도록 한다.

CASE 2 남은 재료
:: 요리하고 남은 인삼은 물기를 제거해 밀폐용기에 키친타월을 깔고 냉장보관한다.
:: 통풍이 잘되는 건조한 그늘에서 말리면 보관기간이 더욱 길어진다.

useful information

종삼은 인삼의 종자를 말해요. 미삼은 초무침으로 간편하게 요리해 먹어요. 스무디를 만드는 수삼은 4년근을 사용하고, 3년근 수삼은 주로 삼계탕에 넣어요. 6년근 수삼을 최고로 치며 고가여서 주로 선물용으로 구매한다고 해요.

장보기 tip

제 철 7~8월
선택법 상추는 손바닥만한 크기면서 잎의 색이 진하고 윤기가 있는 것이 좋다. 흔들어 보았을 때 부서지지 않고 힘이 있는지 보고 선택한다.
간단 정보 롤라로사는 자주색 상추로 색이 아주 진하면서 윤기가 많이 난다.

청상추

롤라로사

상추

상추

손질하기

1. 상추는 물에 담가 이물질을 가볍게 제거한다.
2. 흐르는 물에 상추를 잎마다 흔들어 깨끗하게 씻는다.

   TIP 사서 바로 먹을 때에는 씻어서 물기를 제거하고 밀폐용기에 담았다가 먹으면 더욱 아삭하면서 맛있다.

똑똑한 보관법

CASE 1 구입 직후

∷ 보관기간이 짧으므로 먹을 양만큼 구입한다.

TIP 상추는 물에 닿지 않으면 냉장실에서 1주일 정도 보관할 수 있다.

CASE 2 남은 재료

∷ 요리하고 남은 상추는 물기를 깔끔하게 제거한 후 밀폐용기에 키친타월을 깔고 냉장보관한다.

---

useful information

상추를 먹으면 왜 졸릴까요?
상추에 있는 락투세린과 락투신 성분 때문이래요. 이 성분은 신경안정 작용을 해 불면증에 효과가 있다고 해요. 머리를 맑게 하고 마음을 편안하게 해줘요. 하지만 상추의 성질이 차가워 배탈이 잘 나는 사람은 적당히 먹어야 해요. 꿀과는 어울리지 않으니 함께 먹지 마세요.

장보기 tip

제 철 11~5월

선택법 향이 강하고 잎이 시들지 않았는지 확인한다. 또한 초록빛의 윤기가 나고 밑동이 갈변되지 않은 것을 고른다. 줄기의 홈이 완만한 것보다 반원통형으로 깊게 들어갔는지 자세히 살핀다.

간단 정보 혈관이 단단해지지 않게 하고, 혈관벽을 부드럽게 유지해서 혈액순환을 원활하게 한다. 고혈압이거나 콜레스테롤이 많은 사람이 자주 먹으면 도움이 된다.

셀러리

손질하기

1. 줄기에 붙어 있는 잎은 따서 제거한다.
   TIP 잎을 입욕제로 사용하면 몸속 열 순환이 잘된다.
2. 흐르는 물에 깨끗이 닦은 다음 겉껍질을 벗겨 사용한다.

똑똑한 보관법

CASE 1 구입 직후
∷ 신문지에 싸서 줄기가 부러지지 않도록 주의하고 뿌리를 아래로 놓고 냉장실에 보관한다.

CASE 2 남은 재료
∷ 남은 셀러리는 잎을 떼어내고 공기와 통하지 않도록 랩으로 싸서 보관한다.
TIP 셀러리는 줄기 부분에 갈색이 들면서 물러지는 것이 상할 때의 특징이다.
∷ 셀러리는 당근과 영양면에서 궁합이 잘 맞아 주스로 같이 갈아 마시면 좋다.

useful information

원산지는 남부유럽, 남아시아, 북아메리카 등이며 미나리과에 속해요. 최근에 서양요리를 자주 접하게 되면서 생산량이 늘고 있죠. 우리나라의 주산지는 제주, 김해, 평창, 서울 근교 등이며, 최근에는 태백, 평창, 홍천, 원성 등의 고랭지 재배가 증가하고 있답니다. 여름에는 의창, 광산, 밀양, 안양 등에서 재배하고, 봄과 가을에 경기 지방에서 재배해요. 셀러리의 아피인은 혈액순환 개선에 효과가 있답니다.

장보기 tip

제 철 6~8월

선택법 향이 강하며 색이 너무 노랗지 않고 약간 미색을 띠는 것을 고른다. 매운맛이 있어야 좋은 생강이다.

간단 정보 생강의 매운맛을 내는 성분들은 소화액 분비를 촉진시키고, 진통작용과 혈전을 예방하는 데 효과가 있다.

생강

손질하기

1. 흙이 많이 묻어 있다면 손으로 흙을 털어낸다.
2. 흙을 어느 정도 턴 뒤 물에 담가 놓았다가 깨끗이 닦는다.
3. 필러나 숟가락을 이용해 되도록 껍질을 얇게 벗겨낸다.

똑똑한 보관법

CASE 1 구입 직후
:: 신문지에 싸서 냉장실에 보관한다.

CASE 2 남은 재료
:: 물에 깨끗이 닦은 뒤 껍질을 제거한 뒤 밀폐용기에 넣어 보관한다.
:: 남은 생강을 편으로 썰어 청주에 넣어 생강술을 만든다. 이 생강술은 육류나 생선요리에 사용하면 잡내나 비린내를 제거하는 데 유용하다.

---

useful information ✚

생강은 요리할 때 편이나 채를 썰어서 사용하며 양념에는 즙으로 만들어 넣으면 음식을 더욱 깔끔하게 만들 수 있어요. 생강 대신 생강가루를 이용하면 편리해요.
여름 생강은 뿌리와 줄기로 나뉘는 부분이 붉고 투명해요. 수분이 많고 매운맛이 약해 초밥에 먹는 생강초절임을 만들기에 적당해요.

장보기 tip

제 철 2~3월

선택법 억세지 않고 연한 연두색이 아닌 윤기 나는 녹색을 띠는 것이 좋다. 뿌리 쪽에 하얀 부분이 있으면 그 부분은 통통하고, 잎은 부드러운 것이 좋다.

간단 정보 봄에 갯벌에서 자라서 '갯나물'이라고 한다. 해풍을 받고 자라서 약간 짠맛이 나는 것 같지만 생각보다 짠맛이 많이 나지는 않는다. 칼슘이 많아 성장기 아이들, 노인들에게 좋은 채소이다.

세발나물

손질하기

1. 뿌리 쪽에 검은 꼭지가 있는데 그것을 따서 물에 담가 놓은 뒤 잔잔한 물에 씻는다.
   TIP 숨이 죽어 있지만 물에 담가 놓으면 금방 살아난다.
2. 세발나물은 잎이 연하기 때문에 흐르는 물이 너무 세면 상처가 나면서 풋내가 날 수 있으므로 가볍게 씻는다.

똑똑한 보관법

CASE 1 구입 직후
∷ 신문지에 싸서 냉장실에 넣어두면 3~4일 보관 가능하다.

CASE 2 남은 재료
∷ 생으로는 오랫동안 보관을 하기 어렵고, 소금물에 데쳐서 물기가 있는 채로 냉동실에 먹을 만큼 보관한다. 냉동한 세발나물은 찌개나 죽에 사용할 때 쓴다.

> **useful information**
>
> 생으로 고춧가루와 간장을 섞은 소스에 버무려 먹거나 전을 부쳐 먹어도 좋아요. 또한 죽을 끓여 먹어도 돼요. 식이섬유가 풍부해서 생채나 숙채에 다 어울리고, 된장, 고추장, 간장에도 잘 어울려요.

장보기 tip

제 철 12~2월초, 겨울 시금치가 영양과 맛이 좋다.

선택법 뿌리가 길면서 붉은색을 띠고, 뿌리를 중심으로 잎이 옆으로 퍼진 것이 좋다. 줄기는 길지 않으면서 꽃대가 올라오지 않고, 잎은 진한 녹색에 도톰한 것을 고른다.

간단 정보 해안가에서 자라는 포항초는 뿌리가 붉고 키가 작지만 향과 맛이 좋다.

시금치

손질하기

1. 시금치는 물에 여러 번 흔들어 씻어 속에 있는 흙을 제거한다.
   TIP 소금물에 흔들어 씻으면 불순물이 쉽게 제거된다.
2. 시든 잎은 떼어내고 뿌리와 줄기 사이에 흙이 묻은 부분은 칼로 살살 긁어 손질한다.
   TIP 뿌리에는 망간이 많이 들어 있으니 흙만 깨끗하게 제거해 뿌리째 먹는다.
3. 포기가 큰 것은 뿌리 쪽에 열십자로 칼집을 내 4등분한다.

똑똑한 보관법

CASE 1 구입 직후

온도가 높은 곳은 피하고 분무기로 물을 뿌린 신문지에 싸두면 냉장실에서 4일 정도 보관 가능하다.
TIP 시금치를 더운 곳에 두면 잎이 검게 변하면서 녹는다.

CASE 2 남은 재료

남은 시금치는 끓는 물에 소금을 조금 넣어 살짝 데친 뒤 찬물에 헹궈 물기를 꼭 짠 다음 한 번에 먹을 양 만큼 랩에 싸서 냉동보관한다.
TIP 소금을 넣어 데치면 색이 더욱 선명해진다.

useful information

시금치의 수산 성분은 칼슘과 결합해 칼슘의 흡수를 방해해요. 데치면 수산 성분이 대부분 제거되므로 가능한 시금치는 데쳐 먹는 게 좋아요.

장보기 tip

제 철 3~4월

선택법 잎이 통통하며 솜털이 보송보송하고 너무 길지 않으면서 짧은 쑥이 맛있다. 녹색을 띠는 것보다는 솜털의 빛 반사로 인해 은색 빛이 약간 도는 제품이 향이 진하다.

간단 정보 야생쑥에 비해 재배쑥은 크기가 크고, 향이 옅다.

쑥

손질하기

1. 흙이 묻어 있는 쑥은 물에 2~3분가량 담갔다가 건져 씻는다.
2. 밑동을 잘라내고 갈색으로 변한 잎을 떼어낸다.
3. 뿌리 쪽의 갈색 부분, 질긴 줄기 등을 없앤 뒤 요리에 사용한다.

똑똑한 보관법

CASE 1 구입 직후
:: 쑥은 씻지 말고 밑동을 잘라내고, 갈색 잎을 떼어 손질한 뒤 그대로 신문지에 싸서 냉장보관한다.

CASE 2 남은 재료
:: 소금물에 데친 뒤에는 물기를 꼭 짜지 않고 냉동해 보관한다. 냉동 쑥을 이용해 요리를 하면 여름까지도 쑥 향을 느낄 수 있다.
:: 요리하고 남은 쑥은 물기를 말린 뒤 밀폐용기에 냉장보관하거나 햇빛에 말려서 사용하기도 한다. 어린잎의 쑥은 살짝 말려 팬에 볶아 차로 마신다.

useful information

쑥의 성분 중에는 비타민A가 많아 세균에 대한 저항력을 길러줘요. 비타민C도 많아 감기 예방과 치료에도 효과적이에요. 이밖에 소염작용, 구충작용, 혈압을 내리는 작용 등을 해요.

🛒 장보기 tip

제 철 7월
선택법 쑥갓은 쌈용으로 먹을 때에는 작고 부드러운 것을 골라서 먹고, 나물류나 매운탕에 넣을 때에는 굵고 잎이 큰 것을 골라 사용한다.
간단 정보 두부와 맛이 잘 어울린다. 두부를 으깨 쑥과 무쳐 쉽게 요리해 먹는다.

쑥갓

손질하기

1. 물에 담아 흔들어 씻어 이물질을 제거한다.
2. 밑동을 조금만 잘라내고 노랗게 변한 잎을 떼어낸다.
3. 용도에 맞는 길이로 썰거나 그대로 다 사용한다.

똑똑한 보관법

CASE 1 구입 직후

∷ 쑥갓은 연해서 보관이 어렵고 잘 시든다. 사온 직후 신문지에 싸서 세운 채로 냉장실에 보관한다.

TIP 잘 시드는 만큼 물속에 담가 놓으며 금방 살아난다.

CASE 2 남은 재료

∷ 데친 뒤에 물기를 꼭 짜지 말고 지퍼팩에 넣어 냉동하면 좀더 오래 보관할 수 있다.
∷ 요리하고 남은 쑥갓을 금방 내로 사용할거라면, 물기를 뺀 후 밀폐용기에 담아 냉장보관한다.

> **useful information**
>
> 쑥갓은 엽채류 중에서 병해충 발생이 가장 적다고 해요. 우리나라에서는 주로 하우스로 재배하고 있으며 제공되는 양의 90%가 수도권에서 수확된답니다.

장보기 tip

제 철 3~4월

선택법 너무 굵지 않으면서 너무 얇지 않은, 대략 5mm 두께를 가진 씀바귀가 좋다. 물에 너무 오래 불린 것은 구입하지 않는다. 색은 부드러운 황토색이고 작은 검은 점들이 자잘하게 있다.

간단 정보 졸음을 방지하는 효과가 있어, 봄철에 졸음이 쏟아질 때 씀바귀를 먹으면 도움이 된다.

씀바귀

손질하기

1. 흐르는 물에 헹구듯이 씻은 뒤 억센 뿌리 부분을 잘라낸다.
   TIP 뿌리채소인 씀바귀는 주로 씻겨진 상태로 판매되므로 물에 담글 필요 없이 바로 씻는다.
2. 껍질은 벗기지 않은 채 먹기 좋은 크기로 썬다.

똑똑한 보관법

CASE 1 구입 직후
:: 씀바귀는 물이 묻으면 금방 물러지므로 물기를 건조한 뒤 신문지에 싸서 냉장보관한다.

CASE 2 남은 재료
:: 요리하고 남은 씀바귀는 물기를 제거하고 밀폐용기에 넣어 냉장보관한다.
:: 많은 양이 남았다면 고추장 또는 초무침이나 장아찌로 만들어도 좋다. 씀바귀를 무칠 때는 뜨거운 성질의 꿀을 넣으면 씀바귀의 성질과 부딪혀 좋지 않으니 참고한다.

useful information

예부터 씀바귀는 봄철에 많이 먹으면 여름에 더위를 타지 않는다고 해요. 또한 씀바귀의 뿌리는 위장과 간장에 기운을 북돋아준다고 해요. 씀바귀 줄기에서 나오는 흰 즙을 사마귀 난 곳에 바르면 녹아 없어진다는 민간요법도 전해지고 있어요.

달걀 부추군만두

재료 · 8개 분량

부추 35g, 호박 1/2개, 달걀 3개, 소금 약간, 간장 2작은술, 설탕 1작은술, 참기름 1/2작은술, 만두피 8~9장, 식용유 적당량

만들기

1. 부추는 송송 썰고 호박은 얇게 채 썬다. 달걀은 소금을 약간 넣고 잘 푼다.
2. 달군 팬에 식용유를 두르고 채 썬 호박을 볶아 덜어둔다. 같은 팬에 식용유를 두르고 달걀을 넣고 부드럽게 볶는다.
3. 2의 호박과 달걀, 부추, 간장, 설탕, 참기름을 골고루 섞어 만두소를 만든다. 이때 체에 밭쳐 물기를 살짝 제거한다.
4. 만두피에 만두소를 넣어 한쪽 방향으로 접으면서 빚는다.
5. 달군 팬에 식용유를 두르고 만두를 노릇하게 구워낸다.

수삼스무디

재료 · 2인분

수삼 1뿌리, 우유(또는 플레인 요구르트) 1컵, 꿀 2큰술, 얼음 약간

만들기

1. 수삼을 물에 10분 정도 담가둬 흙을 불린 다음 칫솔을 사용해 사이사이 낀 흙을 제거한다.
   TIP 단 수용성 사포닌이 용해돼 나올 수 있으므로 물에 너무 오래 담가두지 않는다.
2. 믹서에 수삼, 우유, 꿀, 얼음을 넣고 곱게 갈아 완성한다. 아이들이 마실 경우에는 바나나를 넣어 함께 간다.

상추된장국

재료 · 1인분
상추 150g, 대파 1대, 홍고추 1개, 다진 마늘 1/2큰술, 된장 3큰술
국물 국물용 멸치 10마리, 물 4컵

만들기
1. 상추를 씻어서 먹기 좋은 크기로 썰고, 홍고추는 송송 썬다. 대파는 엇슷 썰어 준비한다.
2. 냄비에 멸치와 물을 넣고 뚜껑을 연 채로 센불에서 끓인다. 물이 끓기 시작하면 중불에서 4분간 끓이다 멸치를 건져낸다.
3. 2에 된장을 풀고 상추, 다진 마늘, 대파, 홍고추를 넣고 2분간 더 끓인다.

+Recipe

시금치 달걀볶음

재료 · 2인분
시금치 200g, 달걀 4개, 다진 양파 1큰술, 소금 1작은술, 식용유 약간

만들기
1. 시금치는 뿌리와 잎을 다듬은 뒤 물에 흔들어 씻어 흙을 제거한다.
2. 다듬은 시금치는 밑동을 잘라 1cm 폭으로 썬다.
3. 달군 팬에 식용유를 두르고 시금치를 넣어 중불에서 1분간 볶는다.
4. 소금으로 간한 달걀물을 두르고 그대로 30초간 익힌 다음 1분 30초간 볶아 완성한다.

useful information

피클&간장 장아찌

요리하고 남은 채소를 이용하는 간편한 방법! 자투리 채소로 피클이나 장아찌로 담가요. 채소를 오래 보관하면서 맛있게 먹는 방법이에요.

피클&간장 장아찌를 담그면 좋은 채소
고추류, 마늘, 파프리카, 무, 총각무, 당근, 오이, 콜리플라워, 브로콜리, 버섯 등

· 채소 1kg 기준

1 피클 절임액
식초 2컵, 소금 3큰술, 흰설탕 2컵(또는 유기농 설탕 2½컵, 황설탕 2¼컵), 물 2컵, 레몬 1/2개, 월계수잎 1장, 피클링스파이스 1/2작은술(생략 가능)
TIP 레몬은 수입과일이므로 중성세제를 이용해 닦은 뒤 뜨거운 물에 살짝 넣었다 빼 잔류농약을 없앤다.

2 간장 장아찌 절임액
간장 2컵, 물 2컵, 설탕 2컵, 식초 1컵
TIP 간장의 분량을 1½컵로 줄이면 조금 싱겁게 만들어진다.

피클&간장 장아찌 만드는 법
1. 끓는 물에 용기를 소독한다.
2. 분량의 물을 냄비에 담고 끓으면 나머지 재료를 넣고 한소끔 끓인 다음 한 김 식힌다.
3. 채소를 먹기 좋은 크기로 자른 뒤 용기에 담고 끓인 절임액을 부어 절인다.
TIP 채소의 양이 적으면 큰 볼에 채소와 뜨거운 절임액을 넣어 절인 뒤 밀폐용기에 담는다.

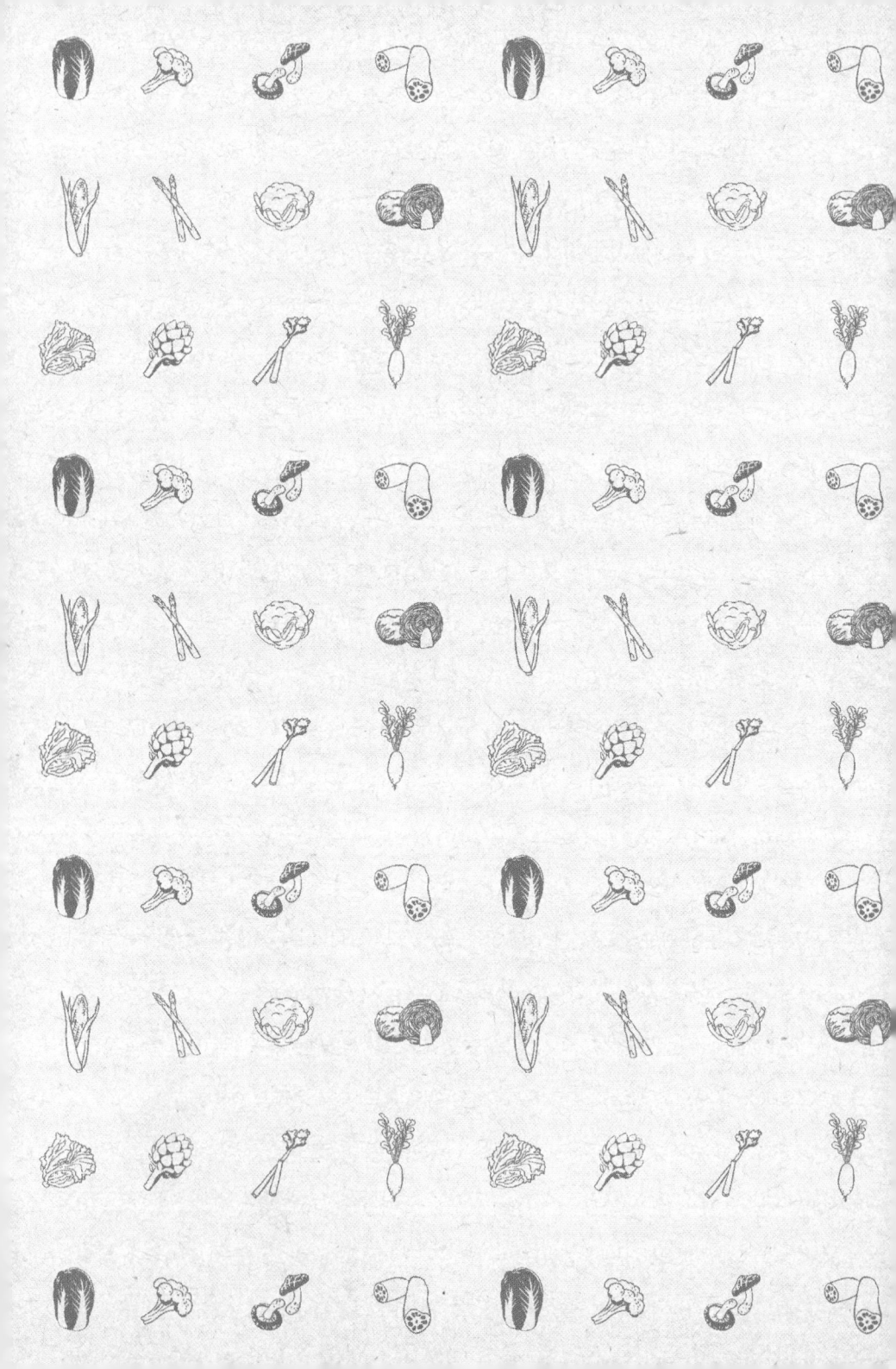

Part 4
ㅇ~ㅈ

아스파라거스 · 아욱 · 양배추 · 알파파 · 양상추 · 양파 · 엔다이브 · 연근 · 오이 · 오크라 · 옥수수 · 우엉 · 원추리 · 죽순 · 양파 와인조림 피자 · 명란 연근튀김 · 우엉 견과류무침 · 오크라 된장무침 · 원추리 고추장무침

장보기 tip

제 철 4~5월

선택법 이삭이 벌어지지 않고 튼튼하며, 줄기가 녹색인 것. 일자로 곧은지 등을 확인한다. 또한 밑동이 너무 말라 갈라지지 않고 쪼글쪼글하지 않은 것을 고른다.

간단 정보 보관기간이 짧다. 수입산은 부드럽고, 제주산은 굵어서 질긴 편이지만 요즘에는 국내산도 얇게 나와 부드럽다.

아스파라거스

손질하기

1. 아스파라거스는 흐르는 물에 씻는다.
2. 이삭이 있지 않는 줄기 부분의 껍질을 필러로 얇게 벗긴다.
   TIP 소금을 넣은 물에 데친 다음 껍질을 벗겨도 된다.
3. 뜨거운 물에 소금을 넣은 뒤 밑동부터 세워서 데친다.
   TIP 데치면 비타민A의 흡수율이 높아진다.

똑똑한 보관법

CASE 1 구입 직후
:: 4~5도의 저온에서 보관하는 것이 바람직하다.

CASE 2 남은 재료
:: 아스파라거스는 종이에 말아 찬물에 살짝 담가서 종이에 물기가 흡수된 상태로 랩으로 씌워 냉장보관한다. 한 달 정도 보관이 가능하다.
:: 튀김, 피클, 수프 등으로 만들어 먹거나 고기와 잘 어울리는 스테이크뿐 아니라 베이컨, 돼지고기와 요리해 먹는다.

useful information +

아스파라거스는 초록색 뿐 아니라 화이트 아스파라거스와 보라색 아스파라거스도 있어요. 화이트 아스파라거스는 감칠맛이 강하고, 보라색 아스파라거스는 단맛이 강해요. 아스파라거스에 들어 있는 아스파라긴산은 피로회복, 체력향상, 숙취회복에 좋아요.

 장보기 tip

제 철 5~9월
선택법 잎이 넙적하고 부드러우면서 꽃이 피지 않는 것이 좋다. 초록빛이 진한지를 확인한다.
간단 정보 아욱은 산후조리 시 붓기를 빼는 데 효과적이며, 칼슘 함량이 시금치에 비해 2배 더 많아 성장촉진, 노화방지에 좋은 채소이다.

아욱

손질하기

1. 아욱은 줄기가 질기기 때문에 줄기를 반쯤 손으로 꺽은 뒤 줄기의 섬유질을 벗긴다.
2. 한 번 씻은 뒤 요리에 사용한다.

TIP 약간 돌기가 있는 그릇에 아욱 잎 부분을 조물조물 문질러 녹즙을 빼서 풋내를 제거해 국을 끓이면 더욱 구수하다.

똑똑한 보관법

CASE 1 구입 직후
:: 수분을 제거한 뒤 신문지에 싸서 ㅋㅋ에 보관한다.

CASE 2 남은 재료
:: 요리에 사용하지 못하고 남은 아욱은 데쳐 놓았다가 얼려서 사용하는 것이 편하다.

useful information +

가을 아욱국은 마누라를 내쫓고 먹는다는 말이 있을 만큼 맛이 좋아요. 아욱은 오래 끓일수록 맛이 더 우러나며, 새우와 어울려서 아욱국을 끓일 때는 마른 새우를 넣어 끓여요.

장보기 tip

제 철 11~3월

선택법 겉잎이 깨끗해 보이고 윤기가 흐르며 청색기가 많아야 한다. 또한 겉껍질이 잘 벗겨지지 않고 단단하며 크기보다 무거운지도 확인한다. 뿌리와 겉잎이 적절히 제거되고 흙과 이물질이 많지 않은 것을 고른다.

간단 정보 주산지는 평창, 홍천, 달성, 남양주, 괴산 등이며 계절별로 봄 양배추는 부산에서, 여름 양배추는 평창에서, 가을 양배추는 북제주에서 많이 재배된다.

양배추

손질하기

1. 겉의 상한 잎은 떼어내고 밑동을 잘라낸다.
2. 사용할 때는 잎을 한 장씩 떼어내거나, 크기가 크다면 반으로 쪼개 사용한다.

   TIP 잎을 한 장씩 떼어 물 1리터에 식초 1큰술을 넣어 식초물에 닦으면 더욱 깔끔하다.

똑똑한 보관법

CASE 1 구입 직후
∷ 종이에 싸서 차가운 곳에 세워 두는데 눕혀 놓으면 부드러운 잎이 손상을 입기 때문이다.

CASE 2 남은 재료
∷ 절단한 경우 절단면부터 전체적으로 랩으로 꼼꼼하게 밀봉해 보관한다. 이때, 심지를 제거한 뒤 랩에 싸면 더욱 오래 보관할 수 있다.

useful information

녹색 양배추에는 클로로필 색소가, 자색 양배추에는 안토시아닌 색소가 풍부해요. 양배추는 황성분의 배당체에 의해 독특한 향미가 나며, 리신, 비타민C가 풍부하죠. 독일에서는 김치와 유사한 양배추 절임인 사우어크라우트(sauerkraut)를 만들어 먹는다고 해요.

미니 양배추

:: 브루셀 스프라우트(brussels sprouts)라고 하는 미니 양배추는 양배추와 유사하며 유럽 및 미국에서 주로 재배되며, 우리나라에서는 강원도와 제주도에서 주로 재배된다. 단단하고 색이 선명한 것이 좋다. 칼륨 함량이 높은 것이 특징이며, 5도 정도의 서늘한 곳에서 2주 정도 보관할 수 있다.

알파파

장보기 tip

제 철 1년 내내, 수경재배이므로 따로 기간이 없다.

선택법 발아한지 5~10일 만에 재배한 것으로 뿌리에 윤기가 나고 털이 많이 나지 않으며 무르지 않는 것이 좋다. 싱싱하지 않은 것은 향이 나쁘다. 알파파 싹은 비타민 A, B 와 칼슘, 철분이 풍부하다.

간단 정보 새싹류나 어린 싹은 채소 비린내가 나기 때문에 메인재료로 사용하기보다는 장식이나 곁들임으로 확인한다.

손질하기

가볍게 씻으면 되므로 영양손실을 최소화할 수 있다.

똑똑한 보관법

뿌리가 없는 어린 순은 금방 시들고 뿌리가 있는 새싹은 새싹 밑에 젖은 키친타월을 깔고 밀폐용기에 넣어두면 3~4일은 보관할 수 있다.

장보기 tip

제 철 7~8월

선택법 잎이 두껍고 연한 녹색이며, 줄기가 짧고 단단하면서 무거운지 확인한다. 잎과 주름의 수가 많으며 두꺼워 보이는 것으로 고른다. 또한 밑동이 동전 백 원 짜리 크기가 적당하며 갈색으로 변하지 않은 제품이 싱싱하다.

간단 정보 우리나라에서는 김해, 평창, 대관령, 경기도의 광주·이천 등 서울 근교에서 주로 재배된다.

양상추

손질하기

1. 양상추는 껍질 쪽에 농약이 묻어 있을 수가 있으니 바깥 껍질을 벗긴다.
2. 먹을 양만큼만 잎을 한 장씩 떼어낸 뒤 물에 담가 놓았다가 흐르는 물에 깨끗하게 씻는다.
3. 양상추는 수분의 유출을 줄이기 위해 칼보다 손으로 결대로 뜯는다.
4. 잎을 한 번 씻은 뒤 얼음물에 담가 아삭한 식감을 살린다.

똑똑한 보관법

CASE 1 구입 직후
:: 4~5도 정도의 서늘하고 습도가 높은 곳에 보관하면 약 20일 동안 저장이 가능하다.

CASE 2 남은 재료
:: 겉잎을 벗겼을 때는 랩이나 비닐을 이용해 밀봉해 냉장보관한다.

useful information

양상추의 락투신이라는 성분이 쓴맛을 내면서 신경안정 작용을 해요. 양상추에는 크리스프형(crisp head)과 버터형(butter head)이 있어요. 이 중 크리스프형이 현재 우리나라에서 재배되고 있는 품종으로 잎 가장자리가 깊이 들어가 있으며 물결 모양을 이루고 있어요. 버터형은 유럽에서 주로 재배하며 얼갈이배추처럼 잎이 퍼진 반결구형으로 잎 가장자리가 물결 모양이 아니에요.

장보기 tip

제 철 봄양파는 4~5월, 가을 양파는 8~9월

선택법 크기와 모양이 균일하고 표피가 윤택한 것, 껍질은 얇은 대신 여러 겹으로 쌓여 있으며 껍질이 잘 벗겨지지 않는 것, 선명한 적황색을 띠며 육질이 단단한 것을 고른다. 햇양파는 신선하고 구가 커야 하며, 저장용은 원통형으로 밑부분이 약간 볼록한 양파가 좋다.

간단 정보 자색 양파는 맵지 않고 달아서 샐러드용으로 주로 쓴다. 샬롯은 마늘과 양파의 중간형으로 직경 2~3cm 내외의 작은 양파를 말한다.

양파

손질하기

1. 겉껍질을 벗겨낸다.
2. 양파의 아래쪽 꼭지를 잘라낸 다음 원하는 크기로 등분한다.
3. 등분한 양파의 뿌리 쪽을 잘라내 깔끔하게 손질한다.

똑똑한 보관법

CASE 1 구입 직후

:: 껍질을 벗기지 않고 구입한 그대로 자루망이나 신문지에 싸서 서늘하고 통풍이 잘되는 실온에서 저장한다.

CASE 2 남은 재료

:: 껍질을 벗긴 양파는 중간 부분부터 짓무르기 시작하므로 랩에 싸서 공기가 통하지 않게 해 1~2주간가량 냉장 보관한다.
:: 양파는 육류의 누린내를 제거하는 데 효과적이다. 남은 양파를 육류요리에 넣어 사용한다.

useful information

봄의 햇양파는 맛이 달고 수분이 많으며 아삭아삭해 장아찌로 담기에 적당해요. 반면 가을 양파는 수분이 봄 양파보다 적으며 매운맛이 강한 것이 특징이랍니다.

 **장보기 tip**

제　철 1년 내내, 수입이기 때문에 항상 구입할 수 있다.

선택법 녹색 잎이 없고 노란 잎이 많지 않으면 하얀 줄기가 통통하게 살아 있는 것을 고른다.

간단 정보 엔다이브는 샐러드 채소 중에서 가장 고가이기 때문에 습자지에 포장되어서 판매되며, 백화점이나 전문 농수산물 센터에서 구매할 수 있다.

엔다이브

손질하기

1. 엔다이브는 포기로 되어 있기 때문에 한 장씩 떼어서 가볍게 씻는다.

똑똑한 보관법

CASE 1 구입 직후
∷ 포장돼 있는 상태로 보관한다.

CASE 2 남은 재료
∷ 씻은 엔다이브는 키친타월이나 랩에 싸서 밀폐용기에 넣어 보관한다.

---

useful information ✚

벨기에 채소인 엔다이브는 쌉쌀한 맛이 도는 채소여서 고기요리를 먹기 전에 샐러드로 먹어요. 또는 부드러운 치즈와 두부와도 잘 어울린답니다. 잎을 한 장씩 뜯어 참치나 육회를 올리면 카나페로 간단하게 만들 수 있어요. 기호에 따라 다양하게 즐겨요.

장보기 tip

제 철 12~2월

선택법 모양이 길고 굵은 연근을 선택한다. 껍질을 깎았을 때 희고, 구멍이 작을수록 좋은 상품이다. 구멍 안쪽이 검게 변한 제품은 신선하지 않다.

간단 정보 연근에는 암수가 있으며, 암은 작고 통통하고, 수는 길쭉한 편이다. 맛은 암연근은 고구마와 비슷하고, 숫연근은 사각사각하다. 보관기간이 긴 편이므로 넉넉하게 구입해도 좋다.

연근

손질하기

1. 겉에 묻은 흙을 닦아낸 다음 껍질을 필러로 벗긴다.
2. 먹기 좋은 크기로 자르고 색이 변하지 않게 식초물에 담가 놓는다.

똑똑한 보관법

CASE 1 구입 직후

:: 신문지에 싸서 통풍이 잘되고 그늘진 장소에 보관한다.

CASE 2 남은 재료

:: 껍질을 까놓은 연근은 식초를 1작은술 넣은 찬물에 담갔다가 물기를 제거 후 랩에 싸서 냉장보관한다.
:: 남은 연근은 밥을 지을 때나 카레를 만들 때 넣어 활용할 수 있다.

---

useful information

얇게 썬 연근을 오븐에 넣어 바삭하게 말려 연근칩을 만들어보세요. 간식으로 두고 먹을 수 있어 좋아요. 기관지가 약해 고생한다면 껍질을 벗긴 연근을 갈아 주스로 마시면 도움이 돼요.

장보기 tip

제 철 5~7월

선택법 오이는 색이 선명하고 몸체나 꼭지에 가시가 있으며 탄력과 광택이 있는 것이 좋다. 굵기가 고르고 직선으로 뻗은 것이 잘 자란 것이다. 굵은 오이는 씨가 많거나 속이 비어 있는 경우가 많으니 피한다. 꼭지가 마르지 않고 상처가 없는지 확인한다.

간단 정보 오이에는 백오이, 청오이, 노각, 취정오이 등이 있다. 오이는 사계절 내내 구입할 수 있으나 너무 춥거나 더우면 오이가 잘 자라지 않아 가격이 비싸다.

백오이

청오이

노각(늙은 오이)

오이

손질하기

오이

1. 오이를 돌려가면서 꽃소금으로 문질러 닦는다.

   TIP 오이지를 담글 때에는 소금으로 닦으면 상처가 나므로 흐르는 물에 깨끗이 닦아 사용한다.

2. 샐러드에 넣을 때는 반을 갈라 씨를 제거한다.

   TIP 저온에 자라거나 건조한 상태에서 자란 오이는 쓴맛이 강하다. 이럴 때에는 껍질을 벗겨도 쓴맛이 나므로 데쳐서 먹는다.

똑똑한 보관법

CASE 1 구입 직후

:: 오이는 저온 장애를 일으켜 물러지기 쉬운 채소이다. 오이 하나하나 신문지로 싸서 봉지에 담아 보관한다.

CASE 2 남은 재료

:: 공기와 닿지 않도록 랩으로 꼼꼼하게 싸서 넣어두면 2~3일가량 냉장보관할 순 있지만, 바람이 들거나 씨가 물러질 수 있으므로 가능하면 남기지 않도록 한다.

useful information

백오이는 조선오이, 다다기오이라고 하며 껍질이 연하고 절여도 부드러워 오이김치나 오이지를 담글 때 사용해요. 늙은 오이라고 하는 노각은 일반 오이에 비해 수분 함량이 높아요. 취청오이는 청오이라고 하며 껍질 부분이 부드러워서 껍질째 나물이나 생채에 사용해요. 가시오이는 가시가 많고 주름이 나 있으며 진한 녹색을 띠기 때문에 샐러드 할 때 적당해요.

손질하기

노각(늙은 오이)

1. 노각은 필러를 이용해 껍질을 벗긴다.
2. 반으로 갈라 숟가락으로 씨를 긁어낸 다음 사용한다.

   TIP 일반적으로 고추장에 무쳐 먹는다. 노각에 수분이 많으니 소금으로 살짝 절여 물기를 꼭 짠 다음 무친다.

---

useful information ＋

오이지 담그는 법
오이 10개, 물 1.2L, 굵은 소금 1컵
1. 오이는 상처가 나지 않게 깨끗이 씻어 채반에 밭쳐 물기를 제거한다.
2. 냄비에 분량의 물, 소금을 넣어 소금이 잘 녹도록 저으면서 보글보글 끓인다.
3. 1의 오이를 용기에 넣고 2의 물을 붓고 무거운 것을 오이에 올린다. 1주일이 지나면 오이를 건지고 절임액을 다시 끓여 넣는다. 2~3번 반복하고, 위에 올라오는 불순물을 제거한다.

오크라

 장보기 tip

제　철 7~9월
선택법 오크라는 손가락만한 굵기와 길이가 적당하다.
간단 정보 백화점이나 도매 농수산물 시장에서 주로 판매를 하며, 냉동 오크라를 구입해 사용해도 좋다.

손질하기

:: 열매이다 보니 손질할 것이 별로 없다. 꼭지를 제거하고 먹기 좋은 크기로 잘라 먹는다.

보관하기

:: 요리하고 남은 오크라는 물기를 제거해 랩에 싸서 냉장보관하다.
TIP 적당한 크기로 잘라 된장에 버무려 간단한 찬을 만들 수 있다.

 장보기 tip

제 철 8~9월

선택법 반짝반짝 윤기가 나는 옥수수가 좋다. 수확한 뒤 24시간이 지나면 당분이 전분으로 변하기 때문에 금방 수확한 것을 구입한다. 껍질은 선명한 녹색, 수염은 갈색인 것을 고른다.

간단 정보 단백질, 식이섬유, 비타민 등이 풍부하다.

옥수수

손질하기

1. 수염과 껍질을 제거하고 껍질을 한 겹 정도 남긴다.

똑똑한 보관법

CASE 1 구입 직후

:: 구입 직후 빠른 시간에 삶거나 껍질을 벗기지 말고 냉동보관한다.

TIP 한 번 먹을 양만큼 비닐팩에 넣어 냉동보관했다가 원할 때 꺼내 삶아 먹는다.

CASE 2 남은 재료

:: 손질한 옥수수를 바닥이 깊은 냄비에 넣고, 옥수수가 잠길 정도로 물을 부은 다음 굵은 소금 1큰술을 넣어 20분 정도 삶는다. 삶은 뒤 불을 끄고 5분간 뜸 들인다. 삶은 옥수수가 남으면 냉동했다가 먹기 직전에 꺼내 전자레인지나 찜기에 쪄서 먹는다.

TIP 속껍질 한 겹을 남긴 채로 쪄야 옥수수의 단맛이 빠지지 않는다.

:: 남은 옥수수는 마르지 않게 랩으로 싸서 냉동보관했다가 필요할 때 꺼내 먹는다.

useful information +

삶은 옥수수는 알알이 따서 우유와 꿀을 넣어 셰이크로 마시거나 샐러드로 요리해도 별미에요. 또는 쿠키나 머핀을 만들 때 넣어도 좋아요.

장보기 tip

제 철 5~6월
선택법 우엉 굵기는 100원 정도의 원지름 크기가 적당하다. 너무 가는 우엉은 맛이 없고, 굵은 것은 속이 비어 있는 경우가 많다.
간단 정보 장을 깨끗하게 하고, 변비를 개선시키며 대장암 예방 효과가 다른 채소에 비해 훨씬 높다.

우엉

손질하기

1. 흐르는 물에 수세미로 문지르며 겉에 묻은 흙을 닦아낸다.
2. 우엉의 감칠맛은 껍질에서 나기 때문에 필러나 칼등을 이용해 껍질을 얇게 벗긴다.

   TIP 우엉은 껍질을 벗기면 색이 바로 검은색으로 변하므로 바로 쌀뜨물이나 식초물에 넣어둔다.

똑똑한 보관법

CASE 1 구입 직후

∷ 우엉을 씻지 않고 보관을 하면 오랫동안 보관을 할 수 있으니 신문지에 싸서 냉장보관한다.

CASE 2 남은 재료

∷ 껍질을 벗긴 우엉는 금방 상하기 때문에 조려서 보관해야 오래 간다.
∷ 우엉을 가늘게 채 썰어 햇볕에 하루 정도 말린다. 말린 우엉을 마른 팬에 연기가 나지 않을 정도로 약불에서 볶아 차로 우려먹는다.

TIP 우엉차로 만들 경우에는 껍질째 이용하는 게 좋다.

---

useful information ✚

우엉은 삶으면 파랗게 색이 변하기도 해요. 칼슘, 칼륨, 마그네슘 등 미네랄이 안토시아닌 색소와 반응해서 색이 변한 것으로 상한 것이 아니니 안심하세요.

장보기 tip

제 철 3~4월

선택법 잎이 가늘고 아주 초록색도 아닌 연두빛이 나는 원추리가 부드럽고 맛이 좋다. 노란빛이 강한 것은 씹는 맛이 약하다.

간단 정보 데쳐서 나물로 이용하거나 국에 넣기도 한다. 칼륨과 인, 비타민A와 C가 풍부하다.

원추리

손질하기

1. 난처럼 포개져 있는 원추리의 밑동을 제거한다.
2. 한 잎 한 잎 딴 뒤 누렇게 뜬 잎은 제거한다.
3. 잎 사이사이에 낀 이물질을 흐르는 물에 씻어낸다.

똑똑한 보관법

CASE 1 구입 직후
:: 다른 채소보단 쉽게 물러지지 않는다. 보관은 씻지 말고 그대로 신문지에 싸서 냉장보관한다.

CASE 2 남은 재료
:: 데친 뒤에는 물기를 꼭 짜지 않은 채로 비닐팩에 넣어 냉동한다.

장보기 tip

제 철 봄철이 제철이며, 통조림 죽순으로 1년 내내 구할 수 있다.

선택법 겉은 담갈색이며, 속은 순백색을 띠는 죽순이 좋다. 어린 대나무의 순이 맛있다.

간단 정보 대나무의 어린 줄기로 동남아시아 및 중국, 일본, 한국 등에서 주로 식용하는 채소이다. 국내에서는 특히 담양산이 좋다.

죽순

손질하기

1. 죽순을 껍질째 오랜 시간 삶아 부드럽게 한 뒤 순백색의 알맹이가 나올 때까지 껍질을 벗겨낸다.
2. 죽순 통조림을 이용할 때는 사이사이 흰 석회질을 말끔하게 제거한다.
   TIP 죽순의 흰 석회질은 몸속에 담석을 생기게 할 수 있으므로 깨끗이 제거한다.

똑똑한 보관법

CASE 1 구입 직후
∷ 봄철에만 나오므로 삶아 껍질을 벗겨서 채를 썰어 말리거나, 냉동보관한다.
TIP 쌀뜨물에 삶아야 떫은맛을 없앨 수 있다.

CASE 2 남은 재료
∷ 남은 죽순은 엷은 설탕물에 담가 보관해 변색을 막는다. 냉장보관할 때는 설탕물을 하루에 한 번씩 새로 갈아줘야 한다.

양파 와인조림 피자

재료 · 2인분

양파 1개, 레드와인 1컵, 설탕 1/2컵, 레몬 1/6개 (20g), 토르티야 2장, 베이컨 2줄(30g), 피자치즈 150g

만들기

1. 양파는 껍질을 벗긴 후 곱게 채를 썬다. 팬에 채 썬 양파와 레드와인, 설탕, 레몬을 넣고 국물이 없어질 때까지 조린다. 베이컨은 1cm 폭으로 썰어둔다.
2. 달군 팬에 기름을 두르지 않고 토르티야를 올려 약불에서 앞뒤로 2~3분간 노릇하게 굽는다.
3. 오븐팬에 구운 토르티야를 놓고 1의 양파와 베이컨을 올린 다음 피자치즈를 골고루 올린다.
4. 180도로 예열한 오븐에 피자를 넣고 10분간 구워준다.

명란 연근튀김

재료 · 2인분

명란젓 2쪽, 연근 1개(400g), 참기름 1큰술, 후춧가루 · 식초 약간씩, 식용유 적당량
튀김반죽
튀김가루 1컵, 물 1/2컵

만들기

1. 명란젓은 반으로 가른 뒤 칼등으로 속만 긁어 낸 뒤 후춧가루를 넣고 섞는다.
2. 연근은 껍질을 벗겨 통으로 끓는 물에 식초를 약간 넣고 5분 정도 삶은 다음 거꾸로 세워 물기를 빼준다.
3. 도톰하게 연근을 자른 뒤 구멍에 명란을 숟가락으로 바른다.
4. 3의 연근에 튀김가루를 묻히고 튀김반죽 옷을 입혀 기름에 튀긴다.

우엉 견과류무침

재료 · 2인분

우엉 1/2뿌리, 다진 아몬드 · 호두 3큰술씩, 올리고당 1큰술, 간장 1큰술

만들기

1. 우엉은 칼등 혹은 필러로 슬슬 긁어 껍질을 벗기고 깨끗하게 씻는다.
2. 손질한 우엉은 연필깎듯 알맞은 크기로 잘라낸다.
3. 깎은 우엉을 뜨거운 물에 5분간 데친다.
4. 우엉이 식기 전에 팬에 올리고당과 간장을 함께 넣어 버무린 다음 견과류를 뿌려 마무리한다.

+Recipe

오크라 된장무침

재료 · 1~2인분
오크라 5~6개
된장 소스 된장 1큰술, 올리고당 1/2큰술, 참기름 약간

만들기
1. 먹기 좋은 크기로 자른다.
2. 볼에 오크라와 된장 소스를 넣어 고루 버무려 완성한다.
   TIP 쌈밥이나 고기를 먹을 때 곁들인다.

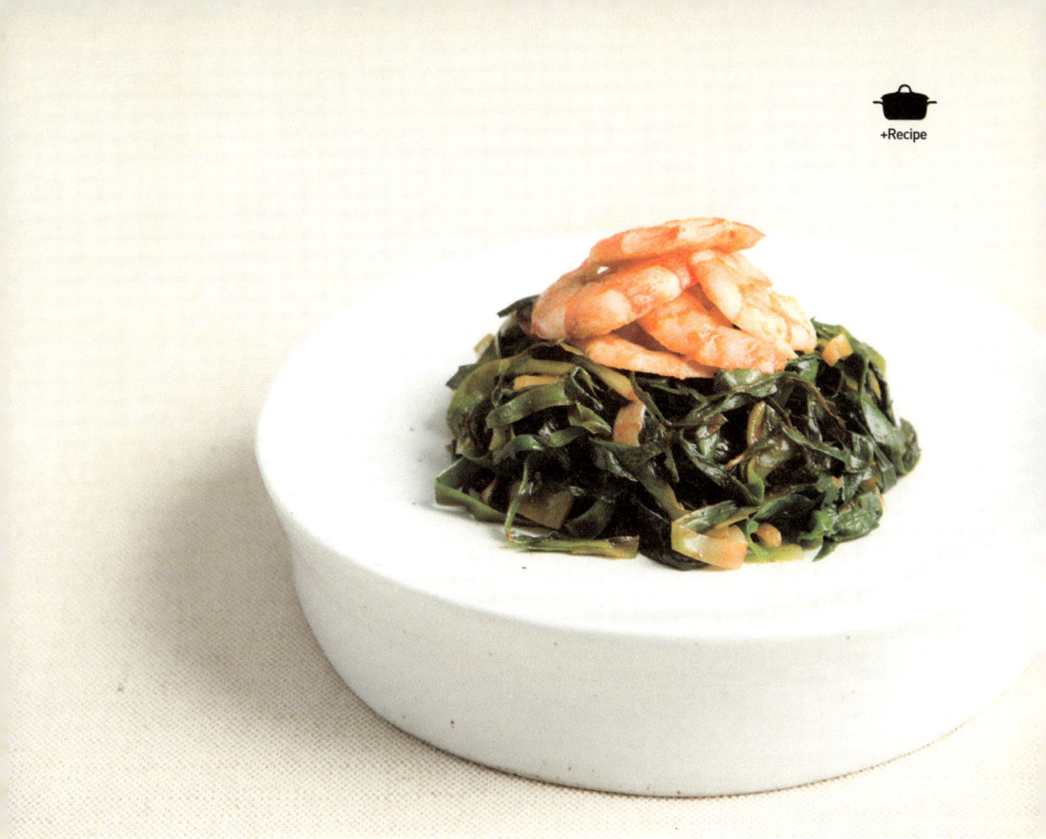

원추리 고추장무침

재료 · 2인분

원추리 200g, 새우 5마리
고추장 양념 고추장·다진 파·올리고당 1큰술씩, 간장 1/2큰술, 다진 마늘 2작은술, 깨소금 1/2큰술, 참기름 1작은술

만들기

1. 원추리는 여린 것을 골라 포기에서 잎을 떼어낸다.
2. 끓는 물에 소금을 넣고 1분간 데친 뒤 찬물에 헹구고 물기를 꼭 짠다.
3. 새우는 두 번째 마디에 꼬치를 꽂아 내장을 제거하고, 뜨거운 물에 삶는다. 삶은 새우를 찬물에 담갔다가 껍질을 깐 뒤 새우 모양대로 반을 가른다.
3. 볼에 원추리와 새우를 담고 고추장 양념을 넣어 조물조물 무친 뒤 마지막에 깨소금과 참기름을 넣어 마무리한다.

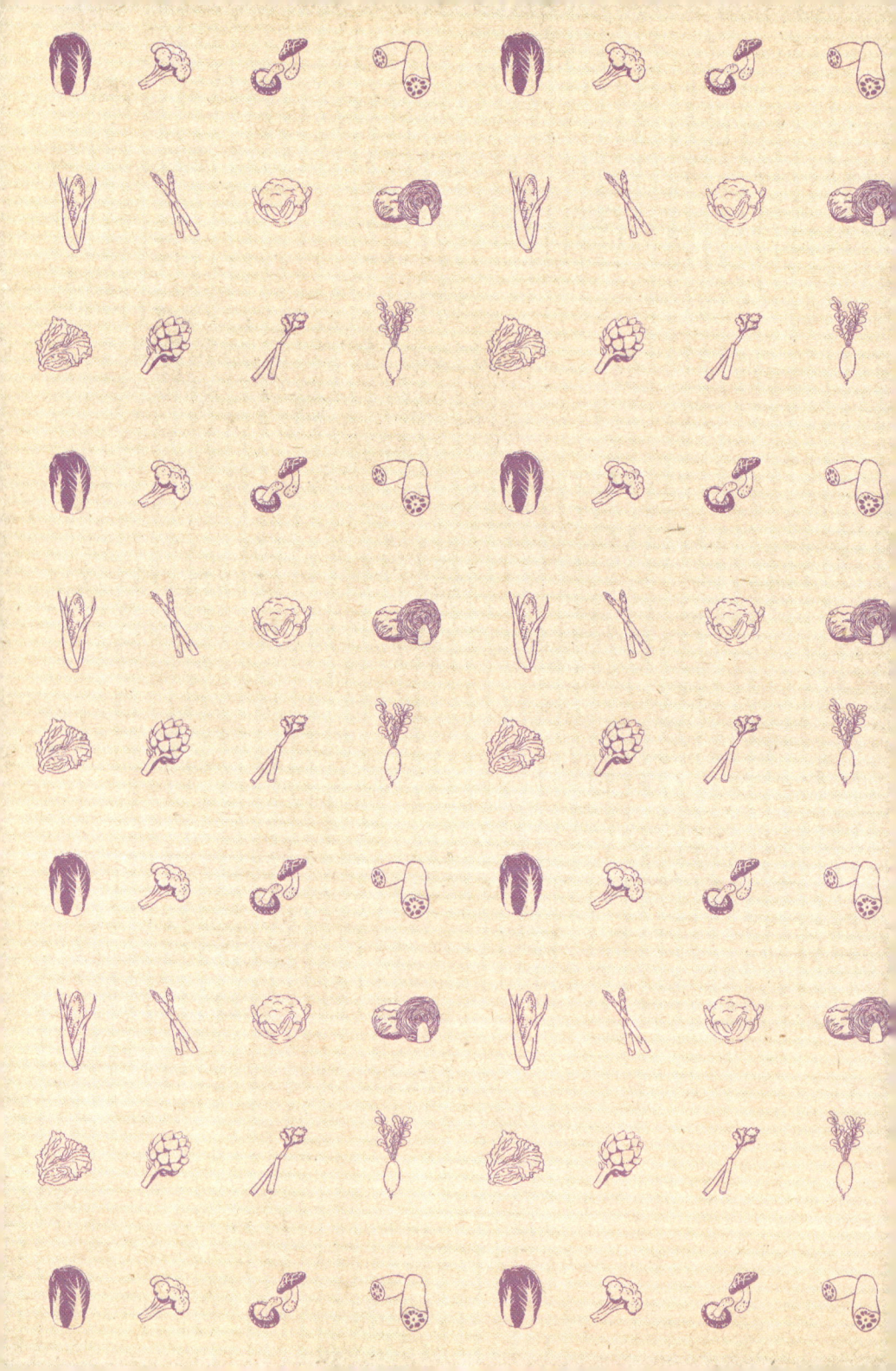

Part 5
ㅇ~ㅈ

차이브 · 참나물 · 청경채 · 취나물 · 치커리 · 케일 · 콜라비 · 콩 · 콩나물/숙주 · 크레송 · 토마토 · 파 · 파프리카/피망 · 함초 · 나문재 · 허브류 · 호박 · 호박잎 · 파프리카 소고기밥전 · 청경채김치 · 토마토빙수

🛒 장보기 tip

제 철 6~9월
선택법 영양부추처럼 초록색이 짙고 시들지 않은 것이 좋다. 너무 길지 않는 것이 좋을 품질의 차이브다.
간단 정보 백화점이나 도매 농수산물 시장에서 판매한다. 수요가 많지 않아 구매하기 힘들다.

차이브

손질하기

1. 차이브는 흙이 묻은 밑동을 칼로 잘라낸다.
2. 흐르는 물에 흔들어 깨끗이 씻어 준비한다.

똑똑한 보관법

CASE 1 구입 직후
∷ 신문지에 싸서 냉장실에 보관한다.

CASE 2 남은 재료
∷ 키친타월로 물기를 완벽하게 제거하고 랩에 싸서 밀폐용기에 보관을 한다.

useful information

차이브는 실파와 모습이 비슷한 허브예요. 연어나 향이 강한 재료로 요리할 때 사용해요. 비타민과 철분, 칼슘 성분이 함유된 채소로 식욕을 자극하고 소화를 원활하게 도와줘요.

 장보기 tip

제 철 3~4월
선택법 선명한 녹색에 줄기가 너무 길지 않으며, 잎이 손가락 세 마디 이상 넘어가지 않는 크기로 고른다.
간단 정보 칼슘, 칼륨, 비타민A가 풍부하게 들어 있다.

참나물

손질하기

1. 누런 잎만 잘 떼어내면 그다지 손질할 게 없다.
2. 끓는 물에 줄기부터 넣어 데친다.
3. 데친 참나물은 돌돌 말아서 '+'자로 잘라 요리한다.

똑똑한 보관법

CASE 1 구입 직후
:: 참나물은 잎이 잘 물러지므로 씻지 말고 그대로 신문지에 싸서 냉장보관한다.

CASE 2 남은 재료
:: 데친 참나물은 물기를 꼭 짜지 말고 지퍼팩에 넣어 냉동하거나, 물기를 뺀 후 물기를 제거해 밀폐용기에 냉장보관한다.

useful information

참나물과 유사한 종에는 파드득나물과 일본나물인 미쓰바가 있어요. 참나물의 냄새는 미나리와 셀러리를 합친 듯한 향이 나요.

🛒 장보기 tip

제 철 12~2월

선택법 속이 꽉 차고 손바닥만한 길이의 청경채가 좋다. 또한 밑동이 통통하고 갈라지지 않으며, 잎이 벌어지지 않고 탄력 있는 것을 고른다.

간단 정보 청경채는 약한 채소이므로 상처가 나지 않도록 조심히 담아야 한다.

청경채

손질하기

1. 포기로 되어 있으므로 누렇게 변한 잎이나 시든 잎을 손으로 따서 손질한다.
2. 볼에 물을 넣고 청경채를 담아서 흔들어 씻는다.

똑똑한 보관법

CASE 1 구입 직후
∷ 신문지에 싸서 1주일 정도 냉장실에 보관할 수 있다.

CASE 2 남은 재료
∷ 요리하고 남은 청경채는 물기를 제거한 후 랩에 싸서 세워 냉장보관하다.

useful information +

중국 음식에서 많이 사용하는 배추의 한 종류로, 향이 진하지 않고 맛이 부드러워 다양한 요리와 잘 어울려요. 맛이 담백하고 아삭해 생으로 먹어도 좋아요. 기름에 볶아 먹으면 베타카로틴의 흡수율이 높아지고, 우유와 함께 먹으면 칼슘의 흡수율을 높여요. 또한 식이섬유가 많고 열량이 낮아 다이어트하는 사람에게 좋아요.

장보기 tip

제 철 3~4월, 하우스 재배는 11~12월
선택법 솜털이 약간 있으면서 선명한 녹색을 갖고, 너무 억세거나 크지 않은 것이 좋다.
간단 정보 취나물에는 곰취, 뚱취, 나물취, 참취 등이 있다. 특히 뚱취는 봄에만 나온다.

참취
뚱취

취나물

손질하기

1. 누렇게 뜬 잎만 제거하고 밑동의 붉은빛의 질긴 부분은 칼로 다듬는다.

똑똑한 보관법

CASE 1 구입 직후
:: 취는 씻지 않고 신문지에 싸서 냉장실에 보관하면 산나물이라 1주일 정도 보관할 수 있다.

CASE 2 남은 재료
:: 요리하고 남은 취는 데쳐서 보관한다. 소금물에 데친 뒤 물기를 꼭 짜지 말고 비닐팩에 넣어 냉동한다.

useful information

취나물은 단백질, 칼슘, 인, 철분, 비타민 B1·B2, 니아신 등이 함유된 알칼리성 식품으로 맛과 향기가 뛰어나요. 살짝 데쳐서 쓴맛을 없앤 후에 갖은 양념에 무치거나 볶아서 먹는답니다. 감기, 두통, 진통에 효과가 있어 한약재료로도 이용해요.

치커리

> **장보기 tip**
> **제 철** 1년 내내
> **선택법** 초록빛이 나면서 너무 억세지 않은 것으로 구입한다.
> **간단 정보** 치커리는 국화과 식물로 고대 그리스와 로마인들도 즐겨 먹었다고 한다. 치커리에는 식이섬유와 올리고당이 풍부해 장 건강에 효과적이다.

손질하기

∷ 밑동에 흙이 많이 묻어 있으므로 밑동을 자른 뒤 찬물에 담갔다가 흐르는 물에 가볍게 씻는다.

똑똑한 보관법

∷ 물기가 닿지 않으면 1주일 정도 보관을 할 수 있으며 신문지에 싸서 냉장 보관한다.

케일

장보기 tip
제 철 1년 내내
선택법 초록빛이 나면서 너무 억세지 않아야 한다. 주스용은 큰잎으로, 쌈은 손바닥만한 것이 좋다.
간단 정보 칼슘이 우유보다 많아 골다공증 환자에게 좋다. 다만, 갑상선 기능이 떨어지거나 신장질환을 앓고 있다면 섭취를 하지 말아야 한다.

손질하기

∷ 케일은 흐르는 물에 가볍게 씻는다. 주로 녹즙으로 먹는 채소이므로 오물이 많이 묻어 있지 않아 손질할 것이 별로 없다.

똑똑한 보관법

∷ 신문지에 싸서 냉장고에 1주일 정도 보관할 수 있다.

🛒 장보기 tip

제　철 11~2월

선택법 콜라비의 잎이 시들지 않고 싱싱한 것을 고르고 껍질에서 윤기가 나는지 확인한다. 주먹만한 크기가 먹기에 좋고, 너무 크면 나무뿌리를 먹는 듯한 느낌과 비슷해 맛이 없다.

간단 정보 콜라비는 순무와 양배추를 접붙여 만든 채소다. 맛은 순무보다 달콤하고 아삭아삭하다. 유럽에서 15세기부터 재배해 먹기 시작했다. 콜라비에는 인과 비타민C가 많다.

콜라비

손질하기

1. 콜라비의 윗부분을 잘라낸다.
2. 껍질 쪽에 섬유질이 있어 질기기 때문에 껍질을 벗겨 먹는다.

똑똑한 보관법

CASE 1 구입 직후
∷ 콜라비는 물기가 닿지 않게 주의하고, 20도에서 잘 자라는 저온성 식물이므로 반드시 냉장보관을 한다.

CASE 2 남은 재료
∷ 껍질을 벗긴 콜라비는 무와 비슷해 보관방법도 동일하다. 공기가 통하지 않게 랩을 꼼꼼하게 싸 보관한다.

useful information

아삭아삭하면서 달콤해 샐러드나 생으로 먹기에 편해요. 깍두기나 물김치를 담가 먹어도 괜찮아요. 다이어트할 때 야식이 당긴다면 콜라비를 길쭉하게 썰어서 초고추장에 찍어 먹어요. 식이섬유가 월등해 적은 양을 먹어도 포만감이 커서 쉽게 식이조절이 가능해요. 게다가 몸의 에너지 사용을 돕고 지방분해에 탁월해 체중조절에 많은 도움이 된답니다.

장보기 tip

제 철 1년 내내
선택법 콩깍지 안에 콩의 크기가 일정하고, 윤기가 많이 나는 콩이 좋다.
간단 정보 콩에는 대두, 검정콩, 렌즈콩, 완두콩 등이 있다.

강낭콩

대두

병아리콩

동부

강낭콩

청대콩

완두콩

콩

손질하기

1. 깍지가 있는 콩은 깍지의 양끝을 잡아 꺾어 가운데를 벌린 뒤 콩을 꺼낸다.
2. 말린 콩은 이물질을 제거하고 삶기 전에 물에 담가 반나절 정도 불린다.
3. 껍질이 있는 대두는 손으로 비벼 벗겨 내고, 이 외의 콩은 뜨거운 물에 30분 삶는다.

똑똑한 보관법

CASE 1 구입 직후
∷ 콩깍지가 있는 채로는 1주일 정도 보관할 수 있고, 콩만 떼어 비닐백에 넣어 보관을 하면 1년 정도 사용할 수 있다.

CASE 2 남은 재료
∷ 삶은 콩은 밀폐용기에 넣어 냉장보관 해도 2~3일 정도밖에 보관할 수 없으니 많은 양을 삶지 않도록 한다.

useful information

병아리콩
'칙피' 또는 '이집트콩'이라고 해요. 모양이 불규칙하게 생겼으며 인도, 남부 프랑스 지역의 요리에 이용돼요. 주로 삶아서 샐러드, 수프 등으로 요리해 먹어요.

장보기 tip

제 철 1년 내내

선택법 특이한 냄새가 나지 않는지 확인한다. 줄기가 통통하고 뿌리 옆에 잔뿌리가 없는 것이 좋다. 콩나물의 머리 부분에 검은 반점이 있는 것은 피한다.

간단 정보 콩나물은 콩에서 싹이 난 채소이고, 숙주나물은 녹두에서 싹을 키운 나물이다.

숙주

콩나물

콩나물 / 숙주

손질하기

1. 물을 담은 볼에 콩나물 또는 숙주를 담아 흔들어 씻는다. 이때 콩나물은 대가리의 껍질도 벗긴다. 그런 다음 흐르는 물에 씻은 뒤 물기를 털어낸다.
2. 콩나물의 경우 깔끔하게 무침 요리할 때 뿌리를 제거하고, 찜이나 잡채를 할 때는 대가리는 떼고 요리한다.

똑똑한 보관법

CASE 1 구입 직후

:: 가능하면 빠른 시일 내에 먹고, 1주일 이상 먹을 거라면 씻지 않고 냉장보관한다. 대가리 부분에 빛이 닿으면 녹색으로 변하면서 맛이 떨어진다. 빛이 차단되는 검은색 비닐에 담아둔다.

CASE 2 남은 재료

:: 밀폐용기에 콩나물을 담고 잠길 정도로 물을 부어 냉장보관하면 좀더 오래간다.

useful information +

콩나물을 삶을 때 중간에 뚜껑을 열어 김을 빼면 비린내가 나요. 처음부터 뚜껑을 연 채로 삶거나 도중에 열지 않도록 해요. 또는 마늘과 소금을 넣어 삶으면 삶는 중에 뚜껑을 열어도 비린내가 나지 않아요.

🛒 장보기 tip
제 철 특수재배 채소이기 때문에 1년 내내 구매가 가능하다.
선택법 시들거나 짓무르지 않았는지 확인하고 구매한다.
간단 정보 날씨가 따뜻할 때 조금 저렴하다.

크레송

손질하기

1. 밑동에 흙이 묻어 있으므로 손으로 따서 제거한다.
2. 밑동을 제거한 크레송을 흐르는 물에 씻어 사용한다.

똑똑한 보관법

CASE 1 구입 직후
∷ 크레송은 보관기간이 짧으므로 먹을 양만 구입하는 게 좋다.

CASE 2 남은 재료
∷ 물이 묻지 않은 것은 신문지에 싸서 보관한다.

useful information

칼슘, 인, 철분 등의 무기질과 비타민A, C가 많이 함유돼 있어 영양적으로 뛰어나요. 혈액의 노화를 방지하고, 소화, 해열작용에도 효과가 있어요. 후추와 비슷한 톡 쏘는 매운맛과 쌉싸래한 맛이 고기요리에도 잘 어울려요. 유럽에서는 후추 값이 비싸던 시절 후추 대용으로 사용됐다고 해요. 샐러드나 수프에도 넣어 먹는답니다.

장보기 tip

제 철 7~9월
선택법 표면에 광택이 나고 들었을 때 단단하고 무거운지 확인한다. 꼭지가 마르지 않은 것이 신선하다.
간단 정보 금방 먹을 토마토는 빨갛게 익은 것을 고르고, 오래두고 먹을 때에는 녹색 토마토를 구매해 실온에 두고 익혀 먹는다. 요즘에는 먹기 편한 대추토마토, 방울토마토, 흑토마토, 줄기 토마토, 대저 토마토 등이 있다.

토마토

손질하기

1. 깨끗이 씻어 꼭지를 도려내서 먹기 좋은 크기로 자른다.
2. 껍질을 벗길 때에는 칼집을 +자로 넣은 뒤 뜨거운 물에 데쳐 찬물에 넣는다. 이때 벌어진 껍질을 잡고 쉽게 벗기면 된다.

똑똑한 보관법

CASE 1 구입 직후
:: 토마토는 빛이 들지 않고 선선한 곳에서 보관을 하는 것이 좋고 냉장보관하면 냉해를 쉽게 입어 금방 시든다. 덜 익은 토마토는 실온에 두어 붉게 완숙시킨 다음 냉장보관한다.
:: 녹색 토마토는 바나나와 함께 두면 빨리 익혀 먹을 수 있다.

CASE 2 남은 재료
:: 크기가 큰 것은 적당한 두께로 썰고, 작은 것은 통째로 랩에 싸 지퍼백에 담아 냉동실에 넣어두면 1주일간 보관 가능하다. 해동 없이 주스로 갈아 먹거나 빙수를 만들면 편리하다.

useful information
슈퍼푸드 중 하나인 토마토는 암과 고혈압 예방, 동맥경화 완화에 도움을 줘요. 또한 방울 토마토에는 비타민B가 풍부해 스트레스에 고갈된 비타민B를 보충하기에 좋답니다.

장보기 tip

제 철 11~12월

선택법 대파의 흰 부분이 길고 단단하며 광택이 있는 것을 고른다. 너무 두껍거나 너무 얇을 경우엔 맛이 떨어진다.

간단 정보 대파는 한겨울에는 꽤 비싸다. 파가 비쌀 때는 수입산이 많으므로 원산지를 확인하고 구매한다. 겨울을 대비해 냉동해 먹어도 좋지만 색이 검고 녹아내리기 때문에 식감이 떨어지는 단점이 있다.

파

손질하기

1. 파의 겉껍질을 벗겨 낸 다음 뿌리는 잘라낸다.
2. 시들거나 누렇게 변한 잎이 있다면 손으로 끊어내고 흐르는 물에 이물질을 씻어낸다.

똑똑한 보관법

CASE 1 구입 직후
∷ 신문지에 싸서 세워서 냉장보관하면 1주일가량 보관할 수 있다.

CASE 2 남은 재료
∷ 송송 썰어 비닐백 또는 밀폐용기에 담아 냉동실에 담아두며 2주간 사용할 수 있다.

---

useful information ✚

쪽파는 파와 양파의 교잡종이에요. 실파는 하얀 대가 없고 초록 부분이 많아 샐러드나 한식 양념에 주로 사용하죠.

장보기 tip

제 철 6~10월

선택법 색이 진하며 너무 크거나 평평한 것보다 통통하고 굴곡이 있는 것이 좋다. 꼭지 부분이 마른 것은 오래된 경우가 많으니 꼭지가 싱싱한 것을 구입한다.

간단 정보 보관기간이 길고, 요리할 때 주로 사용하므로 구입할 때 색깔별로 구입한다.

파프리카 / 피망

손질하기

1. 흐르는 물에 깨끗하게 씻은 뒤 꼭지를 딴다.
2. 반을 가른 다음 씨를 제거한다.

똑똑한 보관법

CASE 1 구입 직후
∷ 씻지 않고 신문지에 싸서 서늘하고 통풍이 잘되는 곳에 보관한다.

CASE 2 남은 재료
∷ 물기가 있거나 잘라 놓으면 쉽게 상하므로 2~3일 내로 사용하는 것이 좋다.

useful information

파프리카는 단맛이 있어 샐러드에 넣어 주로 생으로 먹죠. 파프리카의 단맛을 더욱 높이려면 직화로 겉껍질을 검게 구운 뒤 껍질을 벗겨요. 직화로 구운 파프리카를 밀폐용기에 잠시 담아두면 껍질이 더욱 쉽게 벗겨져요. 이렇게 구운 파프리카를 피클처럼 담가 먹어도 좋아요.

🛒 장보기 tip

제 철 6~9월

선택법 함초는 통통하고 짙은 녹색을 띠고 있으며 마디마디가 검은색인 것을 고른다. 뿌리 쪽이 질기기 때문에 연한 것을 고른다.

간단 정보 봄철의 함초는 부드럽고 짜며, 여름철 함초는 맛이 짭짤하고, 가을철 함초는 쓴맛이 난다. 함초는 칼슘, 칼륨, 철분 등이 많이 들어 있다.

나문재

함초

함초 / 나문재

손질하기

1. 뿌리 부분에 질긴 부분이 있으니 그 부위를 잘라낸다.
2. 생각보다 흙이 많이 묻어 있으니 물에 담갔다가 흐르는 물에 씻은 뒤 키친타월에 물기를 제거한다.
3. 나물로 무쳐 먹을 때는 뜨거운 물에 살짝 데친다. 생각보다 많이 짭짤해 많이 먹지는 못한다.
   TIP 미네랄이 많이 들어 있어 1큰술씩 떠서 요구르트와 함께 갈아 음료로 즐긴다.

똑똑한 보관법

CASE 1 구입 직후

∷ 살이 통통하여 수분을 많이 가지고 있기 때문에 잘 물러지기 쉽다. 수분을 잘 제거하고 키친타월에 싸서 보관한다.
TIP 상할 때 검은 반점이 생기기 시작한다.

CASE 2 남은 재료

∷ 남은 재료는 식초와 설탕을 넣고 장아찌를 담가 놓고 먹는다.

useful information

바닷물이 잘 드는 갯벌지에서 자라 많이 짭짤하기 때문에 다른 채소와 함께 데쳐서 된장에 무쳐 먹거나, 주스로 갈아 먹는다. 또는 국을 끓이거나, 갈아서 밀가루에 함께 반죽하여 전으로 부쳐 먹기도 한다.

장보기 tip

제 철 1년 내내
선택법 생 허브는 잎이 상하지 않은 것을 고른다. 생 허브를 구하기 어려울 땐 마른 허브를 구입해 사용해도 좋다.
간단 정보 허브의 종류에는 파슬리, 월계수잎, 로즈마리, 바질, 딜, 타임, 마조람 등이 있다.

- 파슬리
- 이태리 파슬리
- 바질
- 월계수잎
- 딜
- 로즈마리
- 오레가노
- 타임

허브류

손질하기

::물에 흔들어 씻어 이물질을 제거한 뒤 키친타월을 이용해 물기를 제거한다. 밑동에 이물질이 묻은 허브는 잘라서 제거한다.

똑똑한 보관법

CASE 1 구입 직후
::생 허브는 보관기간이 길지 않고 금방 시들기 때문에 조금씩 구입하도록 한다.

CASE 2 남은 재료
::남은 허브는 키친타월에 싸서 비닐팩에 넣어 꼼꼼하게 밀봉해 냉장보관하면 3~5일간 사용할 수 있다.
::남은 허브는 채반에 널어 그늘에서 하루 정도 사용한다. 시판용 말린 허브에 비해 향이 강하진 않지만 보존기간이 길어지는 장점이 있다.

::허브솔트 만들기
재료 굵은 소금 1큰술, 레몬 1/2개, 말린 허브 적당량
굵은 소금에 레몬 1/2개를 얇게 슬라이스해 허브와 함께 넣으면 완성. 1달 뒤부터 사용 가능하다.

---

useful information +

바질은 허브의 왕이라고 불려요. 토마토나 치즈와 궁합이 맞아 이탈리아 요리에 많이 사용하지요. 위장 활동을 촉진해 기름진 요리에 사용하면 속이 더부룩해지는 게 덜해져요.

🛒 장보기 tip

제 철 10~11월

선택법 호박은 상처가 없고 모양이 밋밋하지 않고 예쁜 것을 고른다. 단호박은 묵직하고 전체적으로 짙푸른 녹색인지 확인한다. 밑둥이 약간 주황색을 띠고, 표면에 주름이 확실하게 있고 껍질 쪽에 하얀 가루가 묻어 있으면 잘 익은 것이다.

간단 정보 호박에는 단호박, 애호박, 청동호박(늙은 호박) 등이 있으며 단호박은 찜, 샐러드 등에 주로 사용하며 애호박은 주로 무쳐 먹는다. 청동호박은 말려서 떡에 넣어 먹거나 죽을 만들어 먹는다.

호박

손질하기

1. 애호박은 흐르는 물에 깨끗이 씻는다.
2. 단호박과 청둥호박은 반으로 가른 뒤 숟가락을 이용해 속을 긁어 씨를 발라낸다.
3. 먹기 좋은 크기로 자른 다음 요리에 사용한다.

똑똑한 보관법

CASE 1 구입 직후

∷ 냉장실에 15일 정도 보관을 할 수 있으며, 단호박은 반으로 잘라 긁어낸 후에 랩으로 싸두면 더욱 오래 보관을 할 수 있다.

CASE 2 남은 재료

∷ 단호박은 쪄서 한 번 먹을 분량씩 포장해 냉동해두었다가 전자레인지에 해동해 먹어도 좋다.
∷ 애호박은 단면에 공기가 닿지 않게 랩으로 덮어서 전체적으로 싼다.

장보기 tip

제 철 7~9월

선택법 호박잎은 잎사귀에 하얀 솜털이 있는 것을 선택한다. 금방 무르기 때문에 검은 반점이 있는지 확인하고, 줄기 부분에 수분이 많으면서 통통한 것이 좋다.

간단 정보 섬유소와 비타민이 풍부하고, 칼로리가 낮아서 다이어트하는 사람에게 추천하고 싶은 재료이다. 또 체내의 산화물질을 없애고, 항암효과도 있는 건강한 먹거리다.

호박잎

손질하기

1. 호박잎은 줄기의 솜털이 억세기 때문에 그 부분의 얇은 막을 잘 제거한다.
2. 흐르는 물에 3~4번 씻은 뒤 데치고, 억센 줄기 부분은 잘라낸다.

똑똑한 보관법

CASE 1 구입 직후
∷ 얇은 막을 제거한 뒤 잎만 비닐봉지에 넣어 보관한다. 2일이 지나면 상하기 시작한다.

CASE 2 남은 재료
∷ 찌거나 데친 호박잎은 물기를 제거하고, 냉동실에 넣어 보관한다. 냉동한 호박잎은 구수한 된장찌개를 끓일 때 넣거나 강된장찌개에 넣어도 좋다.

---

useful information +

호박잎은 삶지 않고 찜기에 5~6분간 쪄야 맛과 향이 유지돼고 씹는 맛이 있어요. 다시 물에 헹구지 않고 그대로 식혀요. 호박잎은 잎이 질기고 구수한 맛이 나기 때문에 쌈밥을 만들어 먹으면 좋아요. 된장과 잘 어울린답니다.

파프리카 소고기밥전

재료 · 1인분

밥 1공기(200g), 파프리카 1개(100g), 다진 소고기 40g, 달걀 1개, 부침가루(또는 밀가루) 5큰술, 물 · 식용유 3큰술씩

소고기 양념
 양조간장 1/2작은술, 올리고당 1/4큰술, 다진 마늘 1/4작은술, 참기름 1/2작은술, 후춧가루 약간

밥 양념
 통깨 1작은술, 소금 1/2작은술, 참기름 2작은술

만들기

1. 파프리카는 씨를 빼고 잘게 다진다.
2. 다진 소고기는 양념에 버무려 5분간 재어둔 다음 달군 팬에 식용유를 두르고 소고기를 넣어 중불에서 1분간 볶아 익힌다.
3. 큰 볼에 밥과 밥 양념을 넣고 섞은 후 파프리카, 소고기, 달걀, 부침가루, 물을 넣고 섞는다.
4. 달군 팬에 식용유를 두르고 키친타월로 닦아내듯 팬 전체에 골고루 펴 바른다.
5. 약불에서 3의 밥을 1큰술씩 숟가락 2개를 이용해 지름 5cm 크기의 동그란 모양으로 펴 올린다.
6. 앞뒤로 1분 30초씩 뒤집어 노릇하게 굽는다.

청경채김치

재료 • 1인분

청경채 400g, 굵은 소금 1큰술, 당근 1/2개, 대파(또는 쪽파) 약간, 홍고추 1개, 청고추 2개

김치 양념
　고춧가루 4큰술, 홍고추 1개, 다진 마늘 1큰술, 다진 생강 1작은술, 간장 1/2큰술, 올리고당 1큰술

풀물
　흰쌀밥 1/4공기, 물 1/2컵

만들기

1. 청경채를 깨끗이 씻어 반 갈라 줄기에만 소금을 뿌려 1시간 정도 절인다.
2. 믹서에 풀물 재료를 넣어 곱게 간 다음 바닥이 두꺼운 냄비에 풀물을 넣고 중불에서 끓어오르면 저어가면서 3분간 더 끓인 후 한 김 식힌다.
3. 고추는 어슷하게, 쪽파는 청경채 길이로, 당근은 길게 채 썬다.
4. 홍고추, 마늘, 생강을 믹서에 넣고 간다.
5. 식힌 풀물에 고춧가루, 간장, 올리고당, 4의 내용물을 넣어 잘 섞는다.
6. 청경채와 당근, 쪽파, 고추에 5의 양념을 넣어 살살 버무린다.

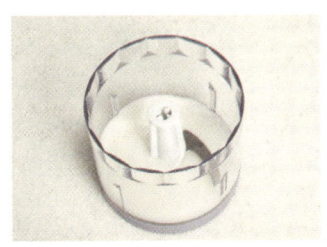

+Recipe

토마토빙수

재료 · 2인분
토마토 4개, 빙수용 팥 100g, 연유 약간

만들기
1. 빨갛게 잘 익은 토마토는 꼭지를 따고 데쳐서 찬물에 담가 껍질을 벗긴다.
2. 장식용으로 쓸 토마토 1/2개만 남기고 나머지는 믹서에 넣어 곱게 갈아 즙을 낸다.
3. 밀폐용기에 2의 즙을 넣고 하루 정도 얼린 뒤 먹기 직전에 꺼내어 블렌더에 넣어 갈아서 그릇에 담는다.
4. 곱게 간 토마토 얼음 위에 남은 토마토를 네모지게 썰어 얹고 연유를 끼얹는다.

useful information

나물 무침

나물 무침을 쉽게 즐기는 방법이에요. 양념 비율만 알고 있으면 원하는 맛으로 간단하게 나물을 무쳐 먹을 수 있어요. 나물 무침, 라면보다 쉽게 만들어요.

· 삶은 나물 100g 기준

소금 양념장
소금 1작은술, 국간장 1/2작은술, 다진 파 2작은술, 다진 마늘 1/2작은술, 설탕 약간, 깨소금 1작은술, 참기름 1큰술

간장 양념장
간장 2작은술, 다진 파 2작은술, 다진 마늘 1/2작은술, 설탕 약간, 깨소금 1작은술, 참기름 1큰술

고추장 양념장
고추장 1큰술, 고춧가루 1/2작은술, 다진 파 2작은술, 다진 마늘 1/2작은술, 설탕 약간, 깨소금 1작은술, 참기름 1큰술
TIP 고춧가루만 넣어 무칠 경우에는 간장 양념장에 무친 뒤에 고춧가루를 적당히 뿌려 버무린다.

1. 원하는 나물을 손질한 뒤 데친다.
2. 분량의 양념장 재료를 모두 섞은 다음 나물에 버무려 완성한다. 나물의 양이 많아지면 비율에 맞춰 양념장 재료의 분량을 조절한다.

Thanks to

촬영을 위해 도움을 준 '따뜻한 식탁'과 '서울직업전문학교'에 감사드립니다.

따뜻한 식탁 www.warm-table.co.kr
서울직업전문학교 www.stc.ac.kr